100

HÁBITOS

DE LA

GENTE

MILLONARIA

Amat
editorial

Amat Editorial, sello editorial especializado en la publicación de temas que ayudan a que tu vida sea cada día mejor. Con más de 400 títulos en catálogo, ofrece respuestas y soluciones en las temáticas:

- Educación y familia.
- Alimentación y nutrición.
- Salud y bienestar.
- Desarrollo y superación personal.
- Amor y pareja.
- Deporte, fitness y tiempo libre.
- Mente, cuerpo y espíritu.

E-books:
Todos los títulos disponibles en formato digital están en todas las plataformas del mundo de distribución de e-books.

Manténgase informado:
Únase al grupo de personas interesadas en recibir, de forma totalmente gratuita, información periódica, newsletters de nuestras publicaciones y novedades a través del QR:

Dónde seguirnos:

 | @amateditorial

   | Amat Editorial

Nuestro servicio de atención al cliente:
Teléfono: **+34 934 109 793**
E-mail: **info@profiteditorial.com**

100 HÁBITOS DE LA GENTE MILLONARIA

SENCILLAS LECCIONES PARA CREAR RIQUEZA

– NIGEL CUMBERLAND –

Amat
editorial

La edición original de esta obra ha sido publicada en lengua inglesa por John Murray Press (Hachette) bajo el título *100 things millionaires do*, de Nigel Cumberland.

© Nigel Cumberland, 2024
© Profit Editorial I., S.L., 2024
   Amat Editorial es un sello de Profit Editorial I., S.L.
   Travessera de Gràcia, 18-20, 6º 2ª. 08021 Barcelona

Diseño de cubierta: XicArt
Maquetación: Fotocomposición gama, sl

ISBN: 978-84-19870-64-3
Dipósito Legal: B 13676-2024
Primera edición: Septiembre de 2024

Impresión: Gráficas Rey
Impreso en España - *Printed in Spain*

Este libro está dedicado a mi hijo, Zeb, a mi hijastra, Yasmine, y a todos aquellos que desean crear una vida rica y significativa, llena de toda la riqueza que desean. Espero que cada uno de vosotros encontréis un camino único hacia el éxito financiero y en la vida.

Poco a poco, un poco se va convirtiendo en mucho.

Proverbio tanzano

ÍNDICE

NOTA SOBRE EL AUTOR

Nigel Cumberland

Nigel Cumberland es cofundador de The Silk Road Partnership, uno de los principales proveedores de soluciones de *coaching* ejecutivo y formación en liderazgo para algunas de las organizaciones más importantes del mundo. Ha vivido y trabajado en lugares tan diversos como Dubái, Hong Kong, Budapest, Santiago de Chile, Kuala Lumpur y Shanghái, y gracias a ello ha adquirido experiencias y sabiduría que le han ayudado a aprender lo que se necesita para triunfar en la vida.

Anteriormente, Nigel trabajó como director financiero internacional en Coats, así como para algunas de las principales empresas de contratación del mundo, como Adecco. Obtuvo el título de Master Practitioner del European Mentoring and Coaching Council y es miembro del Chartered Institute of Management Accountants (Reino Unido). Fue cofundador de una galardonada empresa de selección de personal con sedes en Hong Kong y otras partes de China, que posteriormente vendió a Hays. Formado en la Universidad de Cambridge (Reino Unido), Nigel es un *coach* ejecutivo ampliamente cualificado y un profesional de la formación en liderazgo.

Es autor de un gran número de libros de autoayuda y liderazgo. Estos son algunos de los más recientes: *The Ultimate Management Book* (John Murray Learning, 2018), *100 hábitos de la gente exitosa* (Amat, 2018), *Secrets of Success at Work: 50 Techniques to Excel* (Hodder & Stoughton, 2014), *Finding and Hiring Talent in a Week* (John Murray Learning, 2016) y *Leading Teams in a Week* (John Murray Learning, 2016).

Está casado con una mujer maravillosa, Evelyn, que se dedica a la pintura. Tiene dos hijos, que son su gran fuente de inspiración: un hijo, Zeb, y una hijastra, Yasmine.

INTRODUCCIÓN

«Gana antes de gastar. Piensa antes de invertir. Persiste antes de abandonar.
Ahorra antes de jubilarte. Da antes de morir».

¿Qué significa para ti el éxito financiero? ¿Qué importancia le das a ser rico?

Que te consideres o no exitoso desde un punto de vista financiero depende de una mezcla de necesidades, objetivos y sueños personales, y de las necesidades, objetivos y sueños de las personas importantes de tu vida.

Has elegido leer este libro porque quieres crear riqueza, así que vamos a pensar en lo que esto significa. ¿Quieres...

- comprarte una casa y devolver el préstamo lo antes posible?
- invertir lo suficiente como para poder jubilarte?
- tener unos ahorros suficientes para pagar la mejor educación que les puedas ofrecer a tus hijos?
- cumplir tu sueño en la vida, como ser músico o chef?
- crear una cartera inmobiliaria y vivir de los alquileres?
- pagar tus deudas?
- poseer suficientes acciones, participaciones e inversiones financieras para vivir de los dividendos?
- comprarte un deportivo llamativo?
- sentirte seguro económicamente?
- crear una fundación y devolver algo a la sociedad?
- dejar una gran herencia a tus hijos?

He asesorado a cientos de personas que han compartido conmigo todos los sueños financieros que puedas imaginar. He escuchado todos los retos y dificultades a los que la gente se enfrenta cuando intenta crear riqueza.

Una cosa está muy clara. Demasiada gente pasa demasiado tiempo ahorrando poco y consumiendo en exceso. Incluso personas que, al menos sobre el papel, deberían ser muy ricas viven endeudadas. Rara vez conocerás a alguien que te diga con confianza: «He alcanzado mis objetivos financieros y he creado suficiente riqueza».

Así que esta es tu oportunidad de sentarte a pensar en tus objetivos vitales, en tus sueños y deseos por cumplir, y de preguntarte cómo quieres vivir y pasar el resto de tu tiempo en este maravilloso planeta. Esta es tu oportunidad de trazar un mapa de tus necesidades financieras, de explorar quién y qué te impulsa, y de profundizar en lo que estás dispuesto a hacer para hacer realidad tus sueños financieros.

Este libro es tu guía. A través de 100 breves capítulos, aprenderás a encajar las piezas que necesitas para alcanzar lo que deseas (financieramente hablando). Explorarás lo que la riqueza significa para ti a través de los siguientes aspectos:

- Objetivos y sueños
- Predisposición y comportamientos
- Relaciones y personas
- Plazos
- Tipos de riqueza
- Prácticas de inversión
- Éxitos y contratiempos
- Trabajo y jubilación
- Ayudar y dar

CÓMO UTILIZAR ESTE LIBRO

Cada capítulo presenta una nueva idea que te ayudará a acercarte a tus objetivos. En cada uno de ellos, las ideas se presentan y explican en la primera página, mientras que en la segunda aparecen ejercicios y actividades, algunos sencillos y otros más complejos, para que empieces a ponerlos en práctica hoy mismo.

No pases por alto las actividades. Las tareas se han diseñado específicamente para que asimiles los hábitos, las habilidades, las relaciones y los comportamientos óptimos necesarios para maximizar tus posibilidades de éxito financiero. Algunas de ellas te sorprenderán, otras te supondrán un reto y otras te parecerán sencillas y obvias. Pero todas son importantes para que des forma a la cartera de habilidades que necesitas para crear riqueza. Afrontarlas te pondrá en el camino hacia una mentalidad de éxito financiero y una lista de «cosas por hacer» centrada en la riqueza. Estas cosas no son fáciles de conseguir y pocas personas están dispuestas a invertir el tiempo y el esfuerzo necesarios. Las personas que alcanzan el éxito financiero sí lo hacen.

INTRODUCCIÓN

¿QUÉ ME PERMITE HABLAR DE ÉXITO FINANCIERO?

Este libro se basa en la sabiduría que he adquirido entrenando y asesorando a personas de todo el mundo durante más de veinte años, personas con todo tipo de sueños financieros y circunstancias personales, desde ricos directores ejecutivos a empresarios en apuros, pasando por inversores a tiempo completo y recién licenciados que acaban de empezar su carrera profesional. Todos ellos tienen algo que compartir sobre el camino hacia la creación de riqueza.

Sus experiencias se combinan con mi propia sabiduría —llevo cincuenta años en este planeta— y saber hacer, pues me he visto expuesto a algunos altibajos financieros que me han permitido extraer profundas lecciones:

- He invertido en mis propios conocimientos financieros para convertirme en miembro del Chartered Institute of Management Accountants (Reino Unido).
- Logré convertirme en director financiero regional de una empresa del FTSE100 con solo 26 años.
- He invertido grandes sumas en varias empresas de nueva creación, algunas de las cuales fracasaron estrepitosamente, mientras que otras tuvieron éxito, como la venta de un negocio de contratación en Asia a la mayor empresa de contratación del Reino Unido, Hays, en 2006.
- He creado una promotora inmobiliaria con mi mujer, invirtiendo y renovando propiedades en varios lugares.
- He creado ingresos periódicos, incluidos los de derechos de autor de mis libros publicados.
- Y, lo que es más importante, he aprendido a tener una relación significativa con la riqueza. Considero que esta debe ayudarme a vivir una vida plena y significativa, y permitirme ayudar a otros a conseguir lo mismo.

A partir de todo mi trabajo y experiencia, he elaborado estos 100 hábitos esenciales para alcanzar el éxito financiero y crear una vida enriquecedora y plena, tanto para ti como para los que te rodean.

Buena suerte en la búsqueda del éxito financiero y la libertad. Espero que todos los consejos de este libro te ayuden a dar forma a la vida que realmente mereces.

1

¿POR QUÉ QUIERES SER RICO?

«Es hora de decidir qué quieres de la vida».

¿ Qué te ha llevado a leer este libro? ¿Quieres ser millonario o tan solo quieres dejar de preocuparte por el dinero?

Puede que no parezca importante, pero, a menos que entiendas realmente lo que te motiva, no podrás establecer objetivos claros para tu futuro financiero.

A través de mis labores de *coaching* he escuchado todas las razones imaginables que llevan a la gente a crear riqueza:

- «No quiero que mis hijos vivan la escasez que yo sufrí cuando era joven».
- «Quiero escapar de la lucha diaria de vivir de factura en factura».
- «Quiero estar mejor que mis hermanos».
- «Quiero tener más éxito que mis amigos de la universidad».
- «Tengo una lista de necesidades y objetivos futuros que requieren dinero».
- «Quiero ser lo suficientemente rico como para poder dar a los demás».
- «Creo que la riqueza me ayuda a sentirme valorado y seguro de mí mismo».
- «Tengo deudas que pagar y quiero entrar en el mercado inmobiliario».

Las razones siempre son personales. Pueden aparecer en esta lista o ser otras; no hay buenas ni malas. Cada motivación es tan válida como cualquier otra. Pero, sea cual sea la tuya, por aparentemente trivial, egoísta o insignificante que parezca, es importante que la conozcas para que puedas ser honesto sobre lo que te motiva e influye en ti.

La alternativa es arriesgarse a vagar por la vida sin saber dónde poner el foco y la atención.

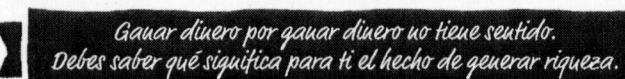

Ganar dinero por ganar dinero no tiene sentido.
Debes saber qué significa para ti el hecho de generar riqueza.

✔ Ponlo en práctica

DEFINE LAS RAZONES POR LAS QUE QUIERES CREAR RIQUEZA

Toma un folio en blanco y crea un mapa mental: una lista interrelacionada de todas las posibles razones por las que quieres tener más dinero del que ya tienes.

Para ayudarte a completar la lista, trata de responder a las siguientes preguntas:

- ¿Qué sueños y deseos que aún no has cumplido tienes?
- ¿Qué tipo de vida te gustaría tener dentro de diez, veinte o treinta años?
- ¿En qué aspectos tu vida actual es cómoda? ¿Y en qué aspectos es una lucha desde un punto de vista financiero?
- ¿Te comparas con los demás? ¿Quieres emular a otra persona?
- ¿Intentas evitar algo, por ejemplo, las dificultades económicas a las que has visto enfrentarse a tus padres o a algunos de tus amigos?

Tómate tu tiempo para reflexionar, para crear la lista, y vuelve a ella cuando te vengan nuevas ideas.

¿QUÉ MOTIVACIONES TIENES?

Una vez hecha la lista, es hora de revisarla e identificar las motivaciones más importantes. Sé sincero al hacerlo. Piensa que estás identificando tus valores fundamentales y que tienes que sentirte cómodo con lo que consideras que te impulsa.

Si te resulta difícil centrarte en lo más importante, intenta enfocarlo desde otra perspectiva. ¿Alguna de tus motivaciones te incomoda? Trata de eliminar todo aquello que te parezca negativo o insano, o cuando lo que te impulsa nace del ego y no de lo que realmente te importa.

HABLA CON TUS SERES QUERIDOS Y AMIGOS

Somete tus propias ideas al enfoque de los demás o haz el ejercicio indicado con otras personas. Casi seguro que sus razones te sorprenderán y te darán que pensar.

2

¿QUÉ SIGNIFICA PARA TI LA RIQUEZA?

«La riqueza te permite vivir la vida que siempre has deseado».

Cuando piensas en ser rico, ¿qué ideas y sentimientos te vienen a la cabeza? ¿Te imaginas un estado de felicidad en el que las tensiones cotidianas desaparecen como por un milagro y de repente eres libre para vivir tus sueños?

Según mi experiencia, esa es a menudo la idea que la gente tiene acerca del hecho de ser rico, hasta que realmente lo piensan en profundidad. A menudo se descubren preocupaciones sorprendentes que han estado latentes, bajo la superficie. Echa un vistazo al siguiente par de listas con comentarios reales extraídos de sesiones de *coaching*.

Típica primera impresión	Reacción más profunda
«Podré vivir la vida de mis sueños».	«Tengo miedo de lo que podría acabar haciendo».
«Tendré la libertad de ser yo mismo».	«Acabaré perdiendo el norte».
«Podré presumir».	«Los demás sentirán envidia».
«Podré hacer lo que quiera».	«Me sentiré abrumado».
«Todo el mundo será mi amigo».	«Querrán mi dinero».
«Cualquier cosa será posible».	«No tengo ni idea de por dónde empezar».
«Por fin seré feliz».	«No me lo merezco».

A casi todo el mundo se le ocurren razones maravillosas y significativas para querer ser rico, pero, cuando realmente lo visualizas, la primera impresión puede convertirse rápidamente en un sentimiento encontrado.

Es perfectamente natural que algo que cambia tanto la vida provoque una mezcla de sentimientos, que van desde la esperanza y la alegría hasta la preocupación y el miedo. Lo importante es que analices tus propias reacciones para asegurarte de que no hay nada en el fondo que te frene.

 No pasa nada si no tienes claro qué te hace pensar y sentir el hecho de ser rico.

✔ Ponlo en práctica

SÉ SINCERO CONTIGO MISMO

Realiza un ejercicio de asociación de palabras, a ser posible en un folio en blanco. Escribe cada una de las frases siguientes, de una en una.

Ganar dinero

Hacerme más rico

Gestionar y cuidar el patrimonio

Ser rico

¿De qué manera estas frases producen en ti pensamientos y sentimientos positivos y de motivación? ¿O acaso despiertan inquietudes, preocupaciones y pensamientos y sentimientos negativos? Escríbelo en el papel.

Reflexiona sobre lo que has escrito. No te sorprendas ni te avergüences de tus pensamientos y sentimientos. Es humano sentirse entusiasmado y lleno de positividad, y, al mismo tiempo, preocupado e inquieto. Es probable que tengas una mezcla de ambos tipos de sentimientos.

Las ideas positivas que enumeras pueden darte energía y motivarte, así que tenlas cerca y reléelas con regularidad en este viaje para que te ayuden a mantenerte centrado en tu objetivo.

Explora todas las inquietudes, miedos y preocupaciones que identifiques. Analízalos a medida que vayas leyendo este libro.

3

¿CÓMO DE RICO QUIERES SER?

«El mundo está lleno de riqueza. Solo tienes que salir a buscar tu parte».

¿Cuándo serás lo suficientemente rico? Esa es la pregunta del millón. O la pregunta de los 2,4 millones de dólares, para ser más exactos. En 2017, la firma de servicios financieros Charles Schwab entrevistó a mil estadounidenses de entre 21 y 75 años y descubrió que, de media, los encuestados querían 1,4 millones de dólares para sentirse financieramente cómodos y 2,4 millones para considerarse ricos.

En otra encuesta realizada en 2017 por el sitio web de referencia salarial emolument. com, el trabajador británico medio de veintitantos años afirmó que se sentiría rico si ganara 93 000 libras al año. En el caso de los trabajadores de más edad, esta cifra ascendía a 370 000 libras anuales.

Estas cifras varían según el país, en función de los distintos costes de la vida. La misma encuesta reveló que los trabajadores de la India se consideran ricos cuando ganan el equivalente a 25 000 libras al año.

Puede que ya lo hayas adivinado. No hay una respuesta única a lo que significa ser rico. Lo importante es qué significa la riqueza *para ti* y dónde decides fijar tu objetivo financiero.

 Saber cuánto dinero te satisfará es una decisión muy personal.

✔ *Poulo en práctica*

....

MÁRCATE UN OBJETIVO

Siempre me ha gustado la idea de *Alicia en el País de las Maravillas* de que, si no sabes adónde vas, cualquier camino te llevará allí. Lo más probable es que, trabajando duro, ahorrando e invirtiendo tus ingresos, llegues a ser más rico de lo que eres hoy. Pero ¿dónde poner el límite? ¿Tendrás suficiente dinero para jubilarte, viajar por el mundo, colaborar con tus organizaciones benéficas favoritas y ayudar a tus hijos?

Para estar seguro de vivir la vida con la que sueñas, es esencial hacer un cálculo aproximado de cuánta riqueza necesitas crear. Para ello, reflexiona sobre lo que quieres financiar, adquirir y tener apartado.

- ¿Cuáles son las cosas clave que necesitas pagar? Por ejemplo, una casa, la educación universitaria de tus hijos, un fondo para determinados gastos médicos o lo suficiente para viajar todos los años.

- ¿Deseas alcanzar un determinado nivel de ingresos anuales procedentes de inversiones y activos, y no de un empleo?

- ¿Tienes un objetivo financiero concreto, como los participantes en la encuesta de Charles Schwab?

No te preocupes si no sabes cómo calcular una cifra exacta. A mí también me cuesta. En lugar de eso, me he fijado el objetivo de que mi patrimonio aumente cada año y de sentir que puedo vivir de él sin tener que vender ninguna de mis inversiones.

HABLA CON UN ASESOR FINANCIERO

Puede ser una buena idea consultarle a un contable o asesor financiero independiente. Con sus herramientas, estos profesionales pueden ayudarte a planificar tus necesidades financieras y calcular el patrimonio que necesitas acumular en un plazo determinado.

4

TE LO MERECES

··

«Pídele al universo lo que necesites. Si realmente crees que es tuyo,
te será entregado».

Siempre llevas razón, tanto si crees que tendrás éxito como si no. La confianza en uno mismo es la clave en la vida. Sencillamente, consigues lo que *crees* que vas a conseguir.

Demasiadas personas luchan con la vida y el dinero, incapaces de encontrar una salida a su situación. Dejan de creer que cualquier otro resultado es posible. Y, para empeorar las cosas, todos tendemos a ser nuestro crítico más severo. Me apena enormemente cuando oigo historias como estas:

• La del músico de talento que no cree que pueda triunfar en la industria musical y lucha por llegar a fin de mes con trabajos mundanos.

• La del banquero con experiencia que sabotea su propia carrera pensando que no es digno de un puesto a su altura.

Hay un dicho que dice que el único lugar donde los sueños con imposibles es en la propia cabeza. Para ser rico, debes creer que *mereces* serlo.

Aprende y practica lo que se necesita para robustecer la confianza en ti mismo y sentarás unas bases sólidas para crear riqueza.

 El mundo está lleno de personas «casi exitosas» y que «podrían haber tenido éxito»: sus propias dudas los han frenado.

✔ *Ponlo en práctica*

SÉ SINCERO CONTIGO MISMO

No basta con querer ser rico y tener un objetivo financiero en mente. Ya habrás descubierto que tus sentimientos sobre la riqueza pueden incluir dudas, incredulidad e incluso miedo. Es necesario abordar estos sentimientos negativos, ya que si no se controlan pueden crecer y desestabilizarte.

Hablar con otras personas puede ayudarte a lidiar con tu voz interior. Habla de tus dudas con alguien de confianza. Permítete entender y percibir tus patrones de pensamiento. Al hacerlo, probablemente descubrirás que tus ansiedades son completamente normales. Al fin y al cabo, estás abandonando tu zona de confort y embarcándote en la misión de crear riqueza. Es natural experimentar miedos y preocupaciones.

BUSCA AYUDA Y APOYO

Si te cuesta superar tus dudas y sufres de falta de confianza en ti mismo, busca un *coach* o terapeuta que pueda ofrecerte terapia cognitivo-conductual. Llevo muchos años utilizándola en mi trabajo y resulta muy eficaz para cambiar los patrones de conducta y pensamiento que provocan sentimientos y creencias negativos. A medida que estos patrones cambian, también cambia la forma en que te sientes.

Este tipo de terapia puede completarse en poco tiempo, mediante una serie de conversaciones individuales.

5

TEN OBJETIVOS CLAROS Y UN PLAN

«Todo logro digno de mención comienza como un simple objetivo, un objetivo que se convierte en un plan de acción específico».

La creación de riqueza no ocurre por casualidad. La planificación es clave. En una encuesta realizada en 2018 por la firma de gestión de activos Legg Mason, el 77 % de los inversores dijeron que ahorran e invierten con objetivos específicos en mente. Si no eres el tipo de persona que pone al día religiosamente su lista de tareas pendientes, necesitas empezar a hacerlo.

Dejarse llevar y ver qué pasa no es recomendable. Acabarás gastando toda tu energía en tareas y con personas que no te acercan a tus objetivos. Los detalles y los planes deben convertirse en tus nuevos amigos.

Planificar es una decisión. Una elección consciente de estructurar el uso del tiempo, la energía y otros recursos. Es un proceso en el que no hay que dejar de avanzar, en el que hay que asegurarse de pensar en todos los detalles. Siempre hay lugar para la buena fortuna y la suerte inesperada, pero estas suelen darse más cuando se es estructurado y se adopta una mentalidad planificadora.

El éxito financiero puede llegar de forma aleatoria y no planificada. Puede que te toque la lotería, pero incluso en este caso necesitas un plan para evitar que la riqueza se te acabe escapando de las manos.

✔ *Ponlo en práctica*

LA PLANIFICACIÓN COMIENZA CON OBJETIVOS CONCRETOS

Piensa de nuevo en tus objetivos financieros. Puede que solo sean sueños superficiales, como «Quiero tener un millón de euros ahorrados», «Quiero jubilarme pronto» o «Quiero tener varias propiedades». No pasa nada, son solo primeros esbozos.

Conviértelos en objetivos más detallados y específicos preguntándote si tu sueño es:

• Específico y está suficientemente claro.

• Mensurable, para saber cuándo se ha conseguido.

• Alcanzable y, si no lo es, cómo hacer que lo sea.

• Realista y adecuado a tus circunstancias y vida.

• Un objetivo con un marco temporal claramente establecido y que incluya una fecha límite.

Escribe las respuestas a lo anterior. Ahora puedes reflejar tu sueño en forma de objetivos detallados. El vago sueño de «poseer una serie de propiedades» podría convertirse en lo siguiente:

Mi objetivo inmobiliario

• Crear una cartera de propiedades de un millón de euros.

• En los próximos cinco años.

• A través de la compra de una serie de pequeñas propiedades.

• En ciudades universitarias.

• A través de una financiación hipotecaria.

• Y con depósitos procedentes de mis ahorros.

ASUME EL PAPEL DE GESTOR DE PROYECTOS

Puedes crear planes más detallados para cada sueño: desglósalos en objetivos trimestrales o mensuales. Puede que te convenga crear un diagrama de Gantt para reflejar las tareas y actividades que tienes que llevar a cabo, normalmente por semanas o meses.

6

SI ES DEMASIADO BUENO PARA SER VERDAD...

«Ten cuidado con los atajos. Podrían llevarte a callejones sin salida».

Cuando se trata de dinero, si suena demasiado bueno para ser verdad, muy probablemente no sea verdad. No existe una poción mágica ni atajos para crear riqueza.

Hoy en día, con casi todos los aspectos de nuestra vida nos hemos vuelto impacientes y la impaciencia nos ha hecho más susceptibles a los mensajes del tipo «Invierta y duplique sus ahorros». Este tipo de estafas son demasiado frecuentes:

- Estafas piramidales o que responden al esquema Ponzi, en las que se prometen unos beneficios anuales del 10 % o el 20 %. Uno no se da cuenta de que lo único que financia estos beneficios es el dinero de los nuevos inversores. No se invierte de verdad.

- Súplicas a través de un correo electrónico o una llamada telefónica de alguien que solicita tu ayuda, como «Ayúdame a cobrar una herencia». Estas personas dicen haber heredado millones y solo necesitan que les des dinero para poder recibir la cantidad heredada.

- Cualquier otro tipo de oportunidad increíble, como invertir en una mina de oro o en el nuevo invento de una empresa tecnológica.

Por muy convincentes que parezcan —y, de hecho, a veces lo son—, desconfía de todo lo que te ofrezca una inversión sin riesgo, rendimientos garantizados, dinero fácil o un alarde que «no puede fallar». De hecho, puede fallar, y probablemente lo hará.

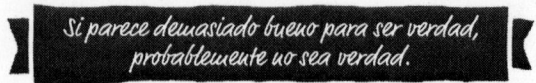

Si parece demasiado bueno para ser verdad, probablemente no sea verdad.

✓ *Ponlo en práctica*

EVITA ACTUAR POR DESESPERACIÓN O CODICIA

No importa cuánto desees cambiar tu suerte financiera: nunca te lances a inversiones dudosas o cuestionables. La codicia puede fácilmente nublarte los sentidos y hacerte perder la cabeza con la promesa de una ganancia rápida o un gran rendimiento garantizado. Aprende a hacer una pausa y reflexionar. Por mucha presión que sientas por invertir, consúltalo antes con la almohada.

EN CASO DE DUDA, PIDE CONSEJO

Procura recurrir únicamente a bancos u otros asesores financieros de confianza. Nunca atiendas a desconocidos que te llamen ni respondas a un correo electrónico que hayas recibido sin más. Si dicen llamar de tu banco, cuelga y llama al banco para comprobarlo.

La autoridad financiera de cada país se preocupa por las estafas y suele tener una página web en la que ofrece consejos y un teléfono de ayuda a quienes temen haber sido estafados. Consulta con ella antes de transferir dinero.

Aparte del riesgo de que te estafen, invertir en oportunidades dudosas puede llevarte a ser acusado de infringir la ley por haber actuado de forma poco ética. Más adelante incidiremos más en este tema.

7

LA RIQUEZA NO GARANTIZA LA FELICIDAD

«La verdadera riqueza es una vida llena de momentos, experiencias y relaciones gratificantes».

Más dinero equivale a más felicidad, al menos cuando se parte de una situación de carencia. Así lo confirmaron investigadores de la Universidad de Purdue (Estados Unidos), que realizaron una enorme encuesta con 1,7 millones de personas de 64 países y publicaron los resultados en la revista *Nature*. Llegaron a la conclusión de que las personas son más felices cuando ganan entre 75 000 y 95 000 dólares al año.

Pero, una vez que uno llega a este punto, el aumento del saldo bancario deja de hacerle sentir a uno mejor. El estudio publicado en *Nature*, que guarda relación con otros estudios, revela que la satisfacción con la vida y el bienestar de las personas disminuye a medida que sus ingresos superan el umbral de los 95 000 dólares anuales.

Es un poco sorprendente, dado que constantemente se nos hace creer que las personas ricas tienen una vida más asombrosa que la nuestra. Hay al menos tres razones por las que una mayor riqueza no se corresponde con una mayor felicidad:

- Más dinero igual a más estrés. Cuanto más tienes, más tienes que tener en cuenta y proteger. Y, a medida que te enriqueces, otras personas pueden tratarte de forma diferente, queriendo más de ti.
- Más dinero lleva a comparaciones constantes con los demás, que provocan sentimientos de envidia y celos. Lo mejor es no entrar en esta dinámica.
- Más dinero lleva a aburrirse rápidamente de las cosas que se adquieren. Poder comprar un coche deportivo o ir de vacaciones a tu propio chalet junto a una estación de esquí te hará feliz, pero todo indica que la felicidad disminuye en cuanto te acostumbras a las cosas materiales. Los economistas lo llaman «adaptación hedónica».

No pasa nada si te cuesta creer que el dinero no es la fuente de la felicidad.

✔ *Ponlo en práctica*

IDENTIFICA QUÉ ES LO QUE TE PRODUCE FELICIDAD

Antes de generar o gastar tu riqueza, identifica aquellos aspectos de tu vida que te hacen feliz y te llenan. Podrían ser:

- Estar con determinadas personas, como familiares, amigos, vecinos o compañeros de trabajo.
- Ayudar a los necesitados.
- Tener un trabajo remunerado satisfactorio.
- Disponer de tiempo libre y llenarlo de actividades y aficiones.
- Pasar tiempo en determinados lugares y entornos.

CONCENTRA TU RIQUEZA EN LAS FUENTES DE TU FELICIDAD

El secreto para ser rico y feliz es asegurarse de que, a medida que aumenta tu riqueza, inviertes en aquellas actividades que te aportan satisfacción y alegría. Invertir en momentos gratificantes en familia, en la educación de los hijos, en obras de caridad, en un trabajo que te llene o en viajes maravillosos hace que tu crecimiento financiero tenga un propósito más profundo.

PLANTÉATE SI PRESUMIR DE RIQUEZA TE HACE FELIZ

Si tener más éxito económico que los demás te da un subidón y te lleva a comprar cosas y tener experiencias simplemente para presumir, parece que es tu ego el que está dirigiendo tus acciones y comportamientos. Encontrar la felicidad y la plenitud en ser rico o más rico que los demás no aporta ningún beneficio ni tiene sentido alguno. No acabes como Ebenezer Scrooge en *Cuento de Navidad*, el relato de Dickens.

8

¿A QUÉ ESPERAS?

«La única forma de conducir un coche es arrancarlo
y quitarle el freno de mano».

Hacerse rico lleva su tiempo y, cuanto más te retrases, más difícil te resultará. Si sigues dejando pasar oportunidades de inversión o tu respuesta típica a la planificación financiera es dejarlo para más adelante, no eres el único. Gastar dinero es divertido; planear no gastarlo no es tan emocionante, al menos en apariencia.

Sin embargo, esto es un gran error: no entrar en el juego pronto es probablemente lo que más impide a la gente alcanzar el éxito financiero.

Hay muchas buenas razones para posponerlo:

- El dinero escasea y la prioridad es sobrevivir día a día.
- No sabes percibir del todo cuando llega una oportunidad.
- No tienes tiempo para hacer planes a largo plazo.
- Eres demasiado joven para preocuparte por el futuro.
- Tienes miedo a lo desconocido.

Con el dinero, a veces no hacer nada es lo correcto, pero, en otras ocasiones, actuar con lentitud significa perder oportunidades. En resumidas cuentas, cuanto antes empieces a hacer que tu dinero trabaje para ti, ya sea ahorrando, adquiriendo acciones o comprando propiedades, antes alcanzarás tu objetivo de riqueza.

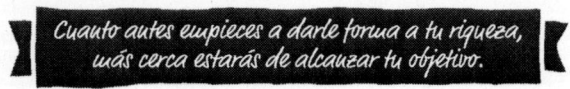

Cuanto antes empieces a darle forma a tu riqueza,
más cerca estarás de alcanzar tu objetivo.

✔ Ponlo en práctica

AVERIGUA QUÉ TE FRENA

¿Qué te ha impedido comprometerte plenamente con la creación de riqueza? Reflexiona sobre cómo tomas tus decisiones financieras. ¿Hay algún patrón detrás de tu inacción?

- ¿Te cuesta salir del ahora y pensar en el futuro?
- ¿Te preocupa salir de tu zona de confort y adentrarte en lo desconocido?
- ¿Sientes aversión por el riesgo?

SI NO ES AHORA, ¿CUÁNDO?

A menudo hay muy buenas razones para retrasar las cosas: al fin y al cabo, ganar dinero implica riesgos. Los consejos de este libro te ayudarán a tomar decisiones financieras acertadas, equilibrando riesgos y oportunidades, para que puedas dar con el momento oportuno.

Si se trata más bien de reticencia por tu parte, o simplemente te sientes demasiado confuso, agobiado o asustado para actuar, puede que te venga bien trabajar un tiempo con un *coach*.

HAZ ALGO HOY

Si estás tardando en hacer un plan financiero, o incluso en asumir un gran compromiso —como la compra de tu primera propiedad de inversión—, escribe una lista de la información que necesitas y las tareas que tienes que hacer. Dividir tus objetivos en tareas más pequeñas y fáciles de llevar a cabo es una forma más que recomendable de empezar.

9

REALIZA UN SEGUIMIENTO Y UNA PREVISIÓN DE LOS GASTOS

«Un presupuesto te ayuda a saber de dónde viene el dinero y adónde va».

Puede ser difícil controlar los gastos. Con algunos pagos con la tarjeta de crédito y otros por domiciliación bancaria, es posible que nunca veas una lista única de todos los gastos que tienes.

Quizá te ayude saber que no eres la única persona que no controlas ni planificas los gastos del hogar. Una encuesta de Gallup de 2013 reveló que solo el 32 % de la población mantiene algún tipo de presupuesto doméstico. Eso es un montón de gente que no tiene ni idea de si va a tener lo suficiente al final de cada mes para pagar las facturas, por no hablar de ahorrar.

Si no estás al tanto de los gastos, corres el riesgo de dejar ir más de la cuenta. Según la Oficina de Estadísticas Nacionales del Reino Unido, en 2017, por primera vez en 30 años, los hogares británicos gastaron más de lo que ingresaron. La diferencia media fue de 900 libras, unos 1050 euros. Seguro que la mayoría de las familias no eran plenamente conscientes.

Ignorar lo que gastas cada mes es aplazar una posible mala noticia y, lo que es peor, no conocer tu situación financiera significa que nunca estarás en condiciones de empezar a generar riqueza.

Crear un plan y una previsión de gastos es tiempo bien empleado.

✔ Ponlo en práctica

CONTROLA TUS FINANZAS

Aunque estés leyendo este libro, es posible que no te consideres una persona de números. Pues bien, esto está a punto de cambiar. Vas a empezar a sentar las bases de tu riqueza futura llevando un control de tus flujos de dinero.

No hay reglas para esto, así que hazlo como más cómodo te sientas:

- En papel, a la antigua usanza.
- En una hoja de cálculo. Si no te gusta crear tablas de Excel con distintas fórmulas, existen algunas plantillas gratuitas en línea.
- A través de una aplicación. Es posible que tu banco tenga una que puedas utilizar. Una buena aplicación es como una hoja de cálculo de Excel: introduces todos tus gastos y creas totales mensuales y anuales.
- Algunos bancos crean automáticamente resúmenes de los gastos con la tarjeta de débito y crédito por áreas, por ejemplo, comida, viajes o ropa. El peligro con esto es que te olvides de incluir los gastos en efectivo o los realizados con otras tarjetas.

CREA UNA PREVISIÓN DE LO QUE QUIERES GASTAR Y GANAR

Las herramientas aludidas también pueden incluir previsiones para que puedas calcular tus futuros flujos de ingresos y gastos. Los ingresos pueden incluir el sueldo mensual, las pagas extra, el pago de dividendos y cualquier otro ingreso que tengas previsto percibir. Los gastos previstos son lo que piensas gastar en cada área concreta, como comida, ropa, vacaciones, facturas de diverso tipo, como los gastos del coche, etc.

Para tener un presupuesto completo, debes calcular todos tus gastos, incluido el dinero que inviertes en planes de ahorro. Puedes hacerlo a principios de año o al principio de cada trimestre. Así podrás comparar tus ingresos y gastos reales con tus previsiones y empezar a entender las razones de las diferencias.

 Sienta las bases de tu patrimonio y toma el control de tus finanzas.

10

LA MAYORÍA DE LOS MILLONARIOS EMPIEZAN DE LA NADA

«Una cartera vacía nunca detiene a las personas de éxito.
La falta de ambición y una mentalidad sin objetivos detienen a muchos».

Según una encuesta a escala mundial realizada por Fidelity Investments —uno de los mayores grupos de servicios financieros del mundo—, el 86% de los millonarios crearon su propia riqueza. En otras palabras, casi nueve de cada diez personas ricas no heredaron su dinero, sino que empezaron sin nada, y, en muchos casos, procedían de situaciones de pobreza extrema.

J. K. Rowling no tenía un céntimo cuando escribió las historias de *Harry Potter*. En su discurso de graduación de la Universidad de Harvard, en 2008, habló en detalle de su situación: no tenía trabajo, estaba sin un céntimo, sabiendo que lo único que le impedía ser indigente era que aún tenía un techo bajo el que cobijarse.

Las historias de personas que se hacen ricas tras salir de una situación de pobreza son más comunes de lo que imaginas. La próxima vez que te sientas deprimido por no tener ahorros o tener un sueldo escaso, anímate. Muchos millonarios pasaron por situaciones igual de difíciles antes de encontrar la libertad financiera.

Entonces, si no precisas de dinero para crear riqueza, ¿qué necesitas? Eso depende de quién seas y de cómo quieras crear riqueza. Todo se reduce a la actitud, las habilidades, la educación, la pasión, el propósito, los hábitos, el pensamiento y las ideas. Encontrarás mucha inspiración a lo largo de este libro.

 Cualquiera, sea cual sea tu situación financiera actual, puede hacerse rico.

✔ Ponlo en práctica

BASTA YA DE «POBRE DE MÍ»

Los psicólogos, como la difunta doctora Nolen-Hoeksema, catedrática de la Universidad de Yale, hablan de sentimientos que califican de «Pobre de mí»: rumiar las mismas ideas, la tendencia a insistir en el origen de los problemas, en lo que no se tiene, en lugar de en las posibles soluciones.

Los periodos prolongados de excesiva reflexión y de sentirse mal por las circunstancias no son saludables. Las investigaciones de la doctora Nolen-Hoeksema relacionan esta actitud con todo tipo de problemas de estado de ánimo y de conducta, como los trastornos alimentarios, la adicción a sustancias y la depresión.

Es importante que dejes de centrarte en lo que no tienes y, en su lugar, concéntrate en lo que necesitas hacer. Ocúpate de lo que quieres llegar a ser, crear y adquirir. Sé como Dwayne Johnson, conocido como La Roca, que una vez dijo: «1995. 7 dólares en el bolsillo. Sabía dos cosas: que estaba arruinado y que algún día dejaría de estarlo».

HAZ INVENTARIO DE LO QUE TIENES

Dejar atrás esta mentalidad puede que no requiera más que leer este libro, o puede que necesites tiempo e incluso seguir algún tipo de terapia para resolver los motivos subyacentes.

Puedes empezar por hacer una lista de lo que tienes a tu favor. Piensa en todos los atributos y habilidades positivos que posees. Incluye en ella tus sueños, objetivos, formación, experiencia laboral, habilidades técnicas, creatividad, red de contactos y conexiones familiares.

No te centres en los problemas, sino en las soluciones.

11

LA DETERMINACIÓN ES TU SUPERPODER FINANCIERO

«Nada puede detenerte cuando cuentas con una gran fuerza de voluntad».

La determinación y la fuerza de voluntad son tus mejores aliadas en la búsqueda de la riqueza. Se reducen a una sola cosa: la capacidad de hacer algo que a otras personas les costaría llevar a cabo.

La fuerza de voluntad es un músculo y es tan importante como cualquier otro de tu cuerpo. Hay que utilizarla, desarrollarla y fortalecerla mediante un uso regular y consciente para que se convierta en un hábito. Imagina lo formidable y centrado que estarías si pusieras en marcha tu determinación tan a menudo como te lavas los dientes.

Hacerse rico puede ser estresante y los estudios demuestran que cuando uno está estresado recurre a sus hábitos, independientemente de que estos sean buenos o malos. Por eso es esencial para tu éxito que tengas los hábitos adecuados.

 Ejercita tu fuerza de voluntad con regularidad. Ponte al límite para ganar determinación. Tu saldo bancario responderá en consecuencia.

✔ Ponlo en práctica

PRACTICA HASTA QUE LO HAGAS DE MANERA AUTOMÁTICA

Hacer que cualquier cosa se convierta en un hábito requiere tiempo y esfuerzo. Gran parte de mi formación en liderazgo gira en torno a ayudar a las personas a adoptar y desarrollar nuevos hábitos. La fuerza de voluntad es uno de los más difíciles de dominar, pero se puede lograr.

- Ten claro qué aspecto de tu fuerza de voluntad quieres reforzar. Cíñete a elementos concretos, como desarrollar la disciplina de ahorrar antes de gastar o no rendirte tan fácilmente en las tareas de tu trabajo. Escribe exactamente lo que quieres conseguir y esfuérzate por conseguirlo.

- Haz un seguimiento y celebra según lo vayas consiguiendo. Lo puedes hacer tú solo o recurrir a una tercera persona, alguien en quien confíes y que te haga rendir cuentas. Debe ser alguien a quien informar cada semana o cada mes para que ambos abordéis ejemplos de lo bien, o no, que lo estás haciendo.

CÉNTRATE EN TU TRABAJO DIARIO Y EN TUS ÉXITOS

Si solo te centras en tus objetivos y necesidades futuras, tu determinación puede flaquear. Esto ocurre cuando no reconoces lo bien que estás superando los retos y luchas diarios. Ser consciente de ello día a día hace que tu determinación crezca, ya que es un recordatorio constante de que puedes persistir y triunfar.

Cuando asesoro a líderes, los animo a fijarse tanto objetivos a largo plazo como metas diarias, semanales y mensuales. Al final de cada semana, es útil anotar ejemplos recientes de los obstáculos, retos y barreras a los que te has enfrentado. Reflejar casos concretos en los que hayas demostrado determinación y fuerza de voluntad, por pequeños y triviales que sean, te ayudará a crecer.

Reconoce y alégrate de tus éxitos.

12

LOS AMIGOS PUEDEN AYUDARTE, O NO...

«Algunas personas te llenan de energía y te hacen avanzar. Otras envenenan y ahogan tus ambiciones. Elige sabiamente».

Existe la teoría de que cada uno de nosotros es la media de las cinco personas con las que más tiempo pasamos. ¿Te imaginas si pasaras tiempo con algunos de los multimillonarios más respetados del mundo, como Bill Gates, Richard Branson o Jack Ma?

La ciencia respalda la idea de que las personas con las que socializamos tienen un gran impacto en nosotros. Un estudio publicado en 2013 en la revista *Psychological Science* concluyó que tener amigos con un carácter fuerte podría aumentar el nivel de autocontrol, como si el mero hecho de estar en su presencia reforzara la fuerza de voluntad. Funciona porque actúan como modelos subconscientes.

Los psicólogos lo llaman influencia social, ya que es la forma en que se ajustan las acciones e ideas para acoplarse a las expectativas de un determinado grupo social. ¿Es tu caso?

- ¿Compras ropa o alimentos parecidos a los de la gente de la que te rodeas?

- ¿No compartes tus ambiciones con tu familia por si te menosprecian por soñar con ser rico?

- ¿Pasas los fines de semana haciendo actividades que no te gustan del todo simplemente para contentar a tus amigos?

Explora cuáles de tus amigos y conocidos tienen valores, comportamientos y una mentalidad afines a los tuyos. La influencia social puede aprovecharse para impulsarte en tu camino hacia la creación de riqueza.

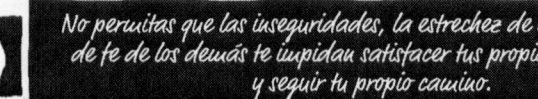

No permitas que las inseguridades, la estrechez de miras o la falta de fe de los demás te impidan satisfacer tus propias necesidades y seguir tu propio camino.

✔ *Ponlo en práctica*

. . . .

ALÉJATE DE LAS PERSONAS TÓXICAS

No pases tiempo con personas que se burlan de tus objetivos o de cómo decides emplear tu tiempo, energía y dinero en la búsqueda de una vida mejor.

Si sabes que pasar tiempo con personas tóxicas, amigos celosos, colegas amargados y hermanos inseguros no te está ayudando, aléjate. Sé amable y diplomático, pero dales espacio. Puede que te sientas obligado o culpable por hacerlo, pero, si tienes que elegir, ¿qué prefieres?: ¿darle forma a la vida que quieres o dejar las cosas como están?

RODÉATE DE PERSONAS QUE TE APOYEN Y CREAN EN TI

Permítete conocer y deja que te atraigan almas afines que aprecien tus ambiciones, tu deseo de una vida mejor y una mayor libertad financiera.

Para que quede claro, no estoy sugiriendo que dejes atrás tu antigua vida y renuncies a todos tus amigos para hacer otros nuevos. Se trata de encontrar el equilibrio. Quizá podrías aumentar gradualmente el tiempo y el apoyo que recibes de esos amigos —sean antiguos o nuevos— que te entienden y aprecian lo que intentas conseguir.

1 3

DEJA DE PERDER DINERO

«Busca y repara todos esos pequeños agujeros
que hacen que tus neumáticos se desinflen».

Imagina que tu cuenta bancaria pierde dinero. Nada del otro mundo, solo unos pocos dólares o euros cada día. No es motivo de pánico, pero con el tiempo supondría bastante dinero.

Apuesto a que ya está sucediendo. Todos perdemos dinero, créeme. Nadie es totalmente inmune a gastar en cosas que no importan o que no se usan.

A menudo son solo pequeñas cantidades, pero, cuando estás creando riqueza, necesitas cada céntimo. Dar por perdido lo poco que se gasta aquí y allá es un gran error.

La próxima vez que pases por delante de tu cafetería favorita, pregúntate cuánto te está costando ese café con leche que te tomas regularmente. Es calderilla cada día, pero suma una cantidad nada desdeñable en el transcurso de doce meses. Ese dinero podría estar a tu servicio para ayudarte a alcanzar tus objetivos financieros.

Lo mismo ocurre con la cuota del gimnasio en el que entrenas dos o tres veces al mes, o con la suscripción a la revista que nunca lees.

No dejes que las pequeñas fugas drenen tu riqueza.

✔ *Ponlo en práctica*

....

HAZ RECORTES

Revisa tus gastos. Empieza por comprobar tus domiciliaciones bancarias y otros pagos automáticos. Si hay algo que no recordabas ni usas, cancélalo.

Contrólate a diario para saber en qué gastas. Haz una pausa ante cualquier compra que creas que no necesitas realmente.

Puedes probar a utilizar una aplicación para que te ayude a hacer un seguimiento de las suscripciones que ya no quieres seguir teniendo.

HAZ UN INVENTARIO

La mayoría de la gente no sabe ni la mitad de las cosas que tiene, así que ¿por qué no haces un inventario de lo que posees? Te garantizo que encontrarás cosas que podrías vender o regalar, o que ya tienes, por lo que te ahorrarás alguna que otra compra. Hay un montón de pequeños pasos que puedes dar para ganar o ahorrar dinero.

FRENA TUS IMPULSOS

Por muy tentador que sea hacer compras compulsivas, a menudo no es buena idea. Es fácil dejarse llevar por el momento o sentirse presionado porque se acaba alguna oferta. Estas compras suelen provocar remordimientos. ¿Quién no ha contratado una banda ancha más rápida solo para descubrir que la velocidad de internet sigue siendo más o menos la misma?

Hay cuentas corrientes que permiten controlar los gastos de formas creativas. Prueba a cambiarte a una de ellas o echa un vistazo a una aplicación como Revolut. Ahora es el momento de poner freno a tus hábitos de compra.

14

AHORRA ANTES DE GASTAR

....

«Gasta solo el dinero que ya has ganado».

¿ Cuánto dinero ahorras cada mes? Lamentablemente, casi nadie ahorra lo suficiente, y demasiadas personas no tienen ningún ahorro.

Una encuesta realizada en 2018 por bankrate.com reveló que el 25% de las personas de 18 a 53 años no tiene ningún tipo de ahorro. Nada a lo que recurrir. Otro 25% solo tiene ahorros suficientes para cubrir tres meses de gastos.

En el mismo año, una investigación de la Skipton Building Society puso de manifiesto que uno de cada cuatro adultos no tiene ahorros y uno de cada diez gasta más de lo que gana.

Ahorrar es la piedra angular para hacerse rico. Si no puedes hacerlo, no lo conseguirás. Desgraciadamente, para muchos, sobre todo los jóvenes, no es fácil: los sueldos son bajos, el coste de la vivienda y de la vida va en aumento y las tentaciones de gastar dinero nos invaden. Pero hay buenas noticias. No hace falta ahorrar mucho cada mes para marcar la diferencia; el mero hecho de ahorrar te hará empezar a pensar en la riqueza y, con el tiempo, esas pequeñas sumas podrán convertirse en algo significativo.

Ahorrar es la piedra angular para hacerse rico.

✓ *Ponlo en práctica*

DESARROLLA UNA «MENTALIDAD DE AHORRO»

Resulta tentador cuestionar el valor del ahorro, sobre todo cuando implica ajustarse el cinturón tan solo para acumular una pequeña cantidad. Una vez que hayas llegado al final de este libro y hayas desarrollado un enfoque financiero, querrás ahorrar. Cuando comprendas cómo puede crecer tu patrimonio y para qué hacerlo, entenderás por qué es esencial. Y, cuando establezcas tus propios objetivos financieros, tendrás una motivación clara para ahorrar.

AHORRA CUANDO COBRES

Es mejor empezar con poco que con nada. Empieza desde ya y hazlo un hábito fijo, en lugar de dejarlo para más adelante. No esperes nunca a final de mes para ver cuánto te queda después de pagar los gastos. Hazlo al revés: reserva al menos el 10% del sueldo en cuanto cobres. Establece una transferencia automática de ese 10% a una cuenta de ahorro aparte, programada para que se realice el día después de cobrar. No serás el único. Según un estudio de la Skipton Building Society lo hace más del 20% de la población.

¿Cuánto debes ahorrar? Empieza con el 10% de tu sueldo, pero ¡cuanto más, mejor! Solo tú sabes cuáles son tus gastos esenciales y tus compromisos financieros. Si tienes un sueldo muy bajo, quizá pienses que el 10% es demasiado. Entonces, que sea el 5%. En cambio, si te pagan bien, podrías (y deberías) ahorrar un porcentaje mayor.

AHORRA LOS AUMENTOS Y LAS PRIMAS

Si tienes la suerte de cobrar primas en distintos momentos del año, considera la posibilidad de ingresar todo o casi todo ese dinero en tu cuenta de ahorros. Incluso puedes destinar una parte a un plan de pensiones.

15

PREPÁRATE PARA UN VIAJE SOLITARIO

«El camino hacia el éxito puede ser muy solitario. Prepárate para días de trabajo duro, para que no todo el mundo te comprenda y para luchar por sacar tiempo para los demás».

Alcanzar cualquier meta es duro. Requiere largas horas de trabajo, perderse eventos sociales, ser incomprendido y sentirse solo. Si aún no has experimentado nada de esto, será cuestión de tiempo.

Puede que no estés físicamente solo, pero los que te rodean pueden tener dificultades para entender y apreciar tus objetivos financieros y quizá malinterpreten lo que tienes que hacer para alcanzarlos. Puede que solo te vean ser más cuidadoso con el dinero o salir menos que antes.

Puede que incluso pierdas a gente por el camino, ya sea porque no te entienden o porque decides alejarte, o se muestran celosos, negativos o no te apoyan.

Ahora bien, una cosa es segura: te encontrarás con muchos contratiempos en el camino. Inevitablemente, habrá un momento en que creas ir contra la lógica del mercado. Entonces te sentirás solo. En momentos así, puede que incluso desees estar solo.

 **Crear riqueza requiere tiempo, energía y concentración.**

✓ *Ponlo en práctica*

ACEPTA LO QUE NO QUIERES CAMBIAR

Tomar este camino potencialmente solitario es decisión tuya. Es un compromiso y solo tú puedes encontrar el equilibrio. Un tema recurrente en este libro es que crear riqueza requiere tiempo, energía y concentración. Tiempo y energía que, de otro modo, estarían disponibles para otras personas de tu vida. Tú decides en qué quieres centrarte.

NO PIERDAS A LOS QUE QUIERES Y TE IMPORTAN

Ya hemos visto que el dinero no da necesariamente la felicidad, así que tenlo en cuenta y no permitas que tu afán de éxito financiero destruya las relaciones en tu vida.

TRATA DE COMPRENDER Y SER COMPRENDIDO

Acércate a la gente e intenta comprender cómo se sienten. Puede que vean que los estás descuidando o que te alejas de ellos mientras persigues tus sueños económicos.

Dales tiempo para que entiendan que sigues siendo tú, que te siguen importando, pero que tus prioridades han cambiado. Tienes menos tiempo libre e (irónicamente) menos dinero que antes.

NO TIENES POR QUÉ ESTAR TOTALMENTE SOLO

Igual que Warren Buffett contó con Charlie Munger, Steve Wozniak con Steve Jobs y Larry Page con Sergey Brin, quizá tú puedas generar riqueza asociándote con otra persona. A algunas personas esto les funciona, aunque a otras puede llevarlas a un enfrentamiento.

16

DOMINA EL ARTE DE VENDER

«Nos pasamos la vida vendiendo a los demás; vendemos nuestras ideas, opiniones, puntos de vista... todas ellas, cosas de valor».

Las personas con éxito financiero son grandes vendedores. Suelen tener buenas habilidades de persuasión e influencia que son esenciales para ayudarles a ganarse a otras personas y para superar los retos en su camino hacia el éxito financiero.

Perfeccionar tus habilidades de venta te ayudará en diversas situaciones:

- Para demostrarle a tu jefe que mereces un ascenso.
- Para persuadirlo de que te pague el sueldo que merece tu trabajo.
- Para presentar tus ideas empresariales y que otros las apoyen.
- Para inspirar a la gente a fin de que trabaje contigo y te ayude a alcanzar tus sueños.
- Para conseguir nuevos clientes para tu nueva empresa.
- Para convencer a un banco privado o a un agente de bolsa de que te acepte como cliente.
- Para atraer a inversores y accionistas con objeto de que inviertan en tu nueva empresa.
- Para convencerte de hacer lo necesario para alcanzar tus propios objetivos.

No todo el mundo vende como Steve Jobs. Afortunadamente, no hace falta ser una persona extrovertida y muy segura de sí misma para tener grandes habilidades de venta. Las personas introvertidas y de carácter tranquilo pueden ser igual de eficaces en situaciones de venta, sobre todo a la hora de establecer relaciones. Muchos de los multimillonarios más conocidos, como Bill Gates, Mark Zuckerberg y Jack Ma, no son personas extrovertidas por naturaleza. Parte de su éxito ha consistido en dejar que su trabajo se venda solo, hablar cuando es necesario y buscar la ayuda de otros para convencer y persuadir a la gente.

 Lo importante es aceptar que eres único e intentar comprenderte a ti mismo.

✔ *Ponlo en práctica*

TRABAJA TUS HABILIDADES DE COMUNICACIÓN

Vender es sinónimo de comunicación y nunca está de más mejorar esta capacidad. Una de las habilidades comunicativas más importantes que puedes practicar es la escucha activa. Es el arte de demostrar deliberada y conscientemente a la persona con la que estás que escuchas lo que dice y siente.

SÉ AUTÉNTICO

Los directores de banco, los inversores y aquellas personas que podrían acabar trabajando contigo no esperan que seas un vendedor increíble, pero sí que seas auténtico y real. Todos nos sentimos atraídos y queremos trabajar con personas que escuchan, se preocupan y sienten pasión por aquello en lo que creen.

PONTE EN EL LUGAR DE LOS DEMÁS

Cuando tengas que convencer a alguien, no te pongas en modo vendedor. Trata de ver las cosas desde su perspectiva. ¿Qué ayuda necesitan? ¿A qué problemas y retos se enfrentan? ¿Cómo puedes aportarles valor?

Antes de pedir un préstamo a un banco, por ejemplo, empieza por preguntarte: «¿Por qué deberían aceptar mi solicitud? ¿Qué les hará confiar en mí? ¿Cómo puedo ayudarles con sus problemas, objetivos y retos?».

ADQUIERE EXPERIENCIA PRÁCTICA EN VENTAS

Si estás empezando tu carrera y no estás seguro de qué camino elegir, considera la posibilidad de desempeñar un papel en ventas. Es una gran oportunidad para aprender a afrontar los retos que supone ganarse a otras personas, influir en ellas y persuadirlas. Además, tendrás muchas oportunidades de experimentar el rechazo y desarrollar una resistencia que necesitarás para seguir adelante contra viento y marea.

17

FÓRMATE UNA OPINIÓN PROPIA SOBRE ENDEUDARTE

«Es increíble cómo algunas personas consideran las deudas su más acérrimo enemigo, mientras que otras son inseparables de sus tarjetas de crédito y de los anticipos salariales».

Algunas personas parecen bastante proclives a endeudarse. Cuando yo era joven, la gente pedía préstamos o adelantos cuando estaba realmente desesperada. Era raro que alguien pidiera un préstamo para pagar cosas no esenciales. Ahora ya no es así. Hoy endeudarse es un estilo de vida aceptable, constantemente promocionado en los medios de comunicación con numerosos anuncios que nos instan a ello:

- «Compre ahora y pague después».
- «Pida un préstamo a doce meses sin intereses».
- «Empiece a utilizar una nueva tarjeta de crédito a cambio de regalos».
- «Solicite un préstamo en Navidad para pagar los gastos».
- «Obtenga un préstamo para ayudarle a afrontar los gastos de los próximos días».

Todo esto suma. Según una encuesta de 2017 de www.comparethemarket.com, el hogar medio británico debe ocho mil libras en deudas de consumo —facturas de tarjetas de crédito, préstamos para automóviles y adelantos—, sin incluir los préstamos hipotecarios. En Estados Unidos, las cifras son similares, con una deuda media de 4293 dólares por tarjeta de crédito, según una encuesta realizada en 2018 por experian.com.

¿Qué opinión tienes sobre endeudarte? ¿Te incomoda? No hay una respuesta correcta o incorrecta, pero es importante saber cómo te sientes al respecto.

> *Como verás, endeudarse desempeña un papel esencial en la creación de riqueza.*

✓ *Ponlo en práctica*

COMPRENDE QUÉ SIGNIFICA LA DEUDA

Más adelante compartiré contigo consejos sobre cómo gestionar y reducir tus deudas, y te ayudaré a asegurarte de que cualquier deuda que contraigas sea una decisión acertada. Pero primero tienes que entender en qué consiste para poder apreciar los distintos tipos y los costes que supone que te presten dinero.

¿Qué es la deuda? En su forma más simple, la deuda es una cantidad de dinero prestada de varias fuentes —prestamistas— posibles. Puede ser respaldada o no.

- Las deudas del primer tipo son préstamos vinculados a tus activos, como la casa o el coche. El activo es la garantía o aval. Si no devuelves el préstamo, el prestamista puede quedarse con el activo.

- Las del segundo tipo no están vinculadas a nada que poseas. Se trata, por ejemplo, de los préstamos con la tarjeta de crédito. Suele implicar el pago de tipos de interés más altos, porque el prestamista asume el riesgo de que no pagues sin un bien que pueda embargar a cambio.

Hay que conocer todos los detalles posibles a la hora de tomar prestado, incluida la variedad de tipos de interés, comisiones, penalizaciones, plazos y normas que conllevan los distintos tipos de préstamos, desde los adelantos con intereses elevados y los de las tarjetas de crédito hasta las hipotecas a interés fijo. Dedica tiempo a investigar antes de contraer nuevas deudas y habla con alguien que sepa del asunto, como un economista o un asesor financiero.

TRATA DE FORMARTE UNA OPINIÓN BIEN INFORMADA

Una vez que conozcas mejor lo que conlleva una deuda, dedica algún tiempo a revisar los préstamos que ya tienes. Analiza tus decisiones pasadas y cuándo y cómo te endeudaste. Conviértete en un experto en lo que significa contraer deudas y estar endeudado.

Nunca más te dejarás embaucar por esos anuncios atractivos que te animan a pedir prestado un poco más para esas vacaciones al sol.

18

SÉ UN EMPLEADO EXCEPCIONAL

....

«Si quieres que te valoren en el trabajo,
crea más valor del que te pagan por producir».

Si quieres ser millonario, no renuncies a tu trabajo diario. Puede que no seas la persona mejor pagada del mundo, pero es donde estás hoy y donde quizá estés durante algún tiempo más.

Tu trabajo diario es tu campo de entrenamiento para crear riqueza. Ve a trabajar todos los días con una mentalidad de éxito. Conviértete en alguien indispensable. Aspira a que te vean como el empleado que más merece los aumentos salariales, las bonificaciones, los ascensos y cualquier otra forma de reconocimiento. De paso, adquiere el hábito de impresionar e inspirar a los que te rodean y de superar siempre tus objetivos y expectativas. Son hábitos que necesitarás en el futuro.

Puede que no te hagas millonario con tu trabajo actual, pero deberías aspirar a ser bien recompensado y reconocido a medida que desarrollas tus habilidades a través de él.

¿Cuál es la alternativa? Desconectar y despreocuparte porque sabes que vas a seguir adelante. No dar el máximo tiene sus ventajas: menos estrés, más tiempo libre, energía para dedicarse a otros intereses. Pero corres el riesgo de acabar siendo perezoso, y eso es contrario a la mentalidad millonaria.

 Si vas a hacer algo en la vida, dalo todo. Haz un esfuerzo adicional.

✔ *Ponlo en práctica*

VE MÁS ALLÁ

Incluso algunos de los mejores líderes a los que asesoro necesitan que se les recuerde que deben hacer un esfuerzo adicional. He aquí una rápida lista de lo que puedes hacer:

- Procura estar físicamente presente. No llegues tarde al trabajo ni desaparezcas para almorzar. Ten cuidado con perder el tiempo y empléalo en otras iniciativas empresariales.

- Trata de estar mentalmente presente. Evita pasar tiempo en tu escritorio concentrado en tus propias actividades de inversión, como el comercio o la compra de propiedades, que nada tienen que ver con tus empleadores.

- Da más del 100%. No basta con estar plenamente presente. Dedica todo tu tiempo y energía, hasta tu último día de trabajo. No aceptes tomar atajos.

- Añade valor con tu personalidad. Sé el colega que atrae a la gente: alguien interesante y que muestra interés, que habla de forma productiva en los debates y siempre está dispuesto a ayudar.

- Vuelve a casa a tiempo. Sí, puedes salir de la oficina a tu hora. Nadie dice que tengas que trabajar hasta tarde todos los días.

Una vez que sales de la oficina, eres libre de centrarte en tus propios proyectos e ideas para ganar dinero, como crear un negocio, invertir en activos o aprender nuevas habilidades.

NEGOCIA TU SALARIO

Cuando haces un esfuerzo adicional, puedes pedir el salario que crees que mereces. Más adelante te daremos consejos para convencer a tu jefe.

19

CUIDADO CON
EL DINERO

«Ningún millonario que se haya hecho a sí mismo ha obtenido
su riqueza de una cuenta de ahorros».

El dinero puede ser el rey, pero no necesariamente un rey rico. Hace veinte años, podías dejar una suma en el banco y verla crecer a un ritmo de al menos el 5% anual gracias a los altos tipos de interés de los depósitos. Simplemente esperabas a hacerte más rico, aunque en realidad, con la elevada inflación de precios de la época, el saldo aumentaba, pero no el poder adquisitivo.

Hoy en día es diferente. Los tipos de interés de los depósitos son muy bajos y a veces cercanos a cero. El dinero en el banco es como el equipaje abandonado: cuando vuelves, está exactamente como lo dejaste. Puede que los niveles actuales de inflación de precios sean bajos, pero eso compensa poco cuando se ganan intereses insignificantes.

Incluso con una baja rentabilidad, guardar el dinero puede parecer relativamente seguro en comparación con el riesgo que supone una inversión que no da sus frutos —lo es—, pero el problema inherente al dinero depositado en una cuenta es que nunca te hará rico. Te ayudará a mantenerte, pero no te impulsará. El riesgo es igual a recompensa y, cuanto mayor es el riesgo, mayor es la recompensa potencial.

 Lo importante es estar preparado para cuando las cosas no salgan según lo previsto y tener un enfoque acertado del riesgo para que un contratiempo no te hunda.

✔ *Ponlo en práctica*

· ·

¿DE CUÁNTO DINERO DEBES DISPONER?

La cantidad de dinero que se guarda es una decisión muy personal. No puedo responder por ti, pero, tras muchos años de experiencia, esto es lo que he aprendido:

- Si consideras que le puedes dar un mejor uso y más productivo a tu dinero, hazlo. Si no, guárdalo en tu cuenta de ahorros para utilizarlo más adelante.

- Si buscas aumentar tu patrimonio total, dejar el dinero en el banco es una mala elección. En caso contrario, es la mejor opción.

- Si tienes aversión al riesgo, quizá te resulte demasiado estresante invertir todos tus fondos en inversiones que entrañan cierto riesgo. Apartar una cantidad es en este caso una opción necesaria.

- El dicho «Por si viene una época de vacas flacas» tiene algo de cierto. Por muy manido que esté, puede que necesites dinero para alguna emergencia.

- A menudo es más sensato utilizar el dinero que ya se tiene que endeudarse. ¿Por qué pedir un préstamo si dispones de efectivo para comprar un coche nuevo?

Todo este debate sobre qué hacer con el dinero puede parecer un mal menor, sobre todo si ahora no dispones de él. En cualquier caso, los consejos de este libro te ayudarán a aumentar el patrimonio y, con el tiempo, dispondrás de un excedente que no tendrá por qué ir a los gastos diarios. ¡Sigamos!

20

ARREMÁNGATE

«A menudo se evita el éxito financiero porque huele a trabajo duro».

Trabajar cuatro horas a la semana suena muy bien, pero la experiencia de numerosos millonarios y multimillonarios es que el éxito requiere esfuerzo y tiempo. Mark Cuban tiene fama de no haberse tomado vacaciones en siete años y de haber trabajado noches y noches aprendiendo a programar. Elon Musk ha reconocido trabajar entre 80 y 100 horas a la semana.

Los estudios confirman que los ricos tienen una fuerte ética del trabajo. Dalton Conley, catedrático de Sociología de Princeton, descubrió que quienes tienen ingresos más altos trabajan más horas que quienes tienen ingresos más bajos; e investigaciones del Premio Nobel Daniel Kahneman concluyeron que ser rico se correlaciona con que la gente pasa menos tiempo haciendo cosas por diversión y placer.

No tienes por qué copiarlos y arriesgarte a acabar quemado. No hay que perder el equilibrio entre la vida laboral y personal por las prisas de hacerse rico. Pero ten en cuenta que, si decides trabajar 80 horas a la semana, frente a las 40 horas de la media, podrías conseguir en seis meses lo que otros tardan un año entero en completar.

Todo se reduce a tus prioridades y opciones. ¿Hasta qué punto es importante para ti alcanzar los distintos objetivos de la vida y hasta qué punto es esencial tomártelo con calma y relajarte? La mayoría de la gente quiere alcanzar las cosas de una manera demasiado fácil.

 Es más probable que las personas ricas estén detrás de un escritorio, al ordenador o al teléfono que bebiendo cócteles o tomando el sol en la playa.

✔ Ponlo en práctica

PRIORIZA TUS OBJETIVOS

Solo tú puedes decidir cómo emplear el tiempo y cuáles de tus objetivos vitales y financieros son más o menos importantes. Ya estás en mejores condiciones de medir lo que para ti significa la riqueza.

Solo se puede saber con exactitud cuánto esfuerzo se necesita una vez que se ha dado el paso y se ha empezado. Por ejemplo, cuando empecé a escribir este libro, descubrí cuántas horas tenía que invertir después de terminar las primeras páginas.

DOLOR A CORTO PLAZO PARA BENEFICIOS A LARGO PLAZO

Tendrás que hacer sacrificios, al menos a corto plazo, y eso significa estar dispuesto a renunciar a otras actividades; deberás levantarte más temprano, pasar menos tiempo viendo Netflix y quedar menos con los amigos. Al mismo tiempo, trata de encontrar el equilibrio. Haz un alto en el camino para hacer ejercicio con regularidad. Desconecta los domingos. Más adelante hablaremos de esto.

INTENTA ELEGIR LOS OBJETIVOS Y ACTIVIDADES FINANCIERAS ADECUADOS

El secreto para trabajar muchas horas sin estrés es tener un propósito y encontrarle un sentido. El psicólogo Mihaly Csikszentmihalyi llama a esto estar en un «estado de flujo», que ocurre cuando haces cosas que te gustan y que se corresponden con tu yo interior. Encuentra tu «estado de flujo» y todo te parecerá fácil.

21

LOS HECHOS HABLAN POR SÍ SOLOS

*«Mira la realidad: no es como pensabas que era
ni como te gustaría que fuera».*

La verdad puede ser muy molesta cuando no se corresponde con tu forma de ver el mundo. A veces, hacer la vista gorda o esconder la cabeza parece la única opción, pero ignorar los hechos no te llevará a ninguna parte.

Hay múltiples formas en las que podemos invertir el dinero y permitirnos ignorar la realidad. He visto muchos ejemplos:

- Compramos una casa y descubrimos que detrás se va a construir un gran bloque de apartamentos, con lo que perderemos las maravillosas vistas y parte del valor de la propiedad. En realidad, es posible que lo supiéramos antes de comprarla, pero seguimos adelante de todos modos, quizá diciéndonos a nosotros mismos: «No va a pasar».

- Podemos invertir en la *start-up* de un amigo, ignorando el hecho de que los fundadores nunca han tenido éxito en ninguna de sus anteriores aventuras empresariales. No debería sorprendernos que probablemente fracase.

- Puede que empecemos un negocio paralelo a nuestro trabajo diario, a pesar de saber que no tenemos tiempo suficiente para ambos. No debería sorprendernos que el nuevo negocio fracase y empeore nuestro rendimiento en el trabajo diario.

- Tenemos una gran idea de negocio que persistimos en llevar a cabo, a pesar de los repetidos consejos acerca de que la idea no es particularmente nueva, innovadora o atractiva para los inversores.

Puedes intentar ignorar los hechos, pero no desaparecerán. El secreto del éxito financiero es reconocer lo que no nos llevará a ninguna parte y pensar antes de cometer errores.

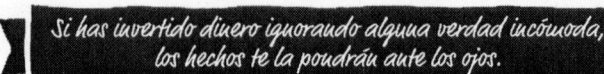

Si has invertido dinero ignorando alguna verdad incómoda,
los hechos te la pondrán ante los ojos.

✓ Ponlo en práctica

SABER EN QUÉ SE BASAN LAS DECISIONES

Hacerse rico implica tomar cientos de decisiones. Te debes a ti mismo asegurarte de que todas ellas están bien meditadas y de que no dejas que tu ego, sentimientos, opiniones y emociones se inmiscuyan en los hechos y las verdades.

Los psicólogos han descubierto que nuestra forma de pensar y actuar se ve afectada por algunos patrones cognitivos muy predecibles. Estos son los que debes tener en cuenta a la hora de elegir dónde invertir tu tiempo, tu confianza y tu dinero:

- **Falacia del costo irrecuperable**: sucede cuando uno invierte tanto emocionalmente en algo que pierde la capacidad de ser racional y aceptar que no ha funcionado.

- **Percepción selectiva**: explica lo fácil que es pasar por alto la totalidad de los hechos por centrarse en un detalle concreto. Te recomendamos que veas el famoso video del «baloncesto y el gorila» en YouTube. La mayoría de la gente no ve al gorila pasando por la cancha mientras tienen lugar los pases.

- **Sesgo de anclaje**: pone de manifiesto el peligro de confiar demasiado en las primeras informaciones, opiniones o hechos que nos llegan, lo que hace que se ignoren las nuevas informaciones que aparecen más tarde.

- **Sesgo de confirmación**: solo tienes en cuenta datos que confirman lo que quieres que sea cierto porque coinciden con lo que deseas.

Presta atención a estos patrones cognitivos y a cómo te influyen, sobre todo cuando pueden afectar a tomas de decisiones relacionadas con el dinero. Nunca te harás rico ignorando la realidad.

22

SÉ TÚ MISMO

*«Solo hay un tú auténtico. No intentes ser como los demás:
acabarás convirtiéndote en una falsa versión de ellos».*

Siempre es útil estudiar los hábitos, actitudes y mentalidades asociados con la riqueza. Hay mucho que aprender de aquellas personas a quienes les han funcionado sus estrategias de creación de riqueza y los modelos de negocio que han utilizado. Lee sus biografías en busca de pistas sobre su éxito y descubre cuáles de sus ideas, consejos y herramientas podrían servirte.

Pero el truco está en no hacerlo a ciegas. Una técnica estupenda para una persona puede ser un desastre en tu caso. Jack Dorsey, el multimillonario cofundador de Twitter, sigue todos los días la misma rutina, consistente en levantarse a las 5 de la mañana, meditar durante media hora y hacer un entrenamiento fijo. ¿Tendrías éxito financiero si hicieras lo mismo? Probablemente para el mediodía te quedarías dormido. Pero la idea general de seguir una rutina fija puede serte útil.

Así que corta y pega lo que consideres. Toma prestado de forma selectiva y experimenta con nuevas ideas en tu propio contexto.

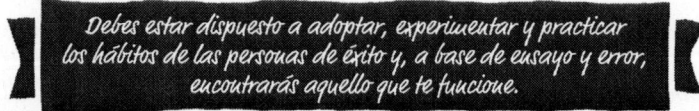

Debes estar dispuesto a adoptar, experimentar y practicar los hábitos de las personas de éxito y, a base de ensayo y error, encontrarás aquello que te funcione.

✔ *Paulo en práctica*

PREGÚNTATE: «¿ME SIRVE A MÍ?»

Si alguien tiene éxito económico, lo más seguro es que haya hecho algo eficaz para conseguirlo. Dedícate a aprender lo que han hecho otras personas y a entender sus pautas y formas de trabajar.

Y, lo que también es importante, encontrarás cosas con las que no te sentirás cómodo. Mucha gente gana mucho dinero con el *trading* diario, por ejemplo, pero eso no significa que sea para ti. Podrías tener éxito financiero de esa manera, pero ¿realmente quieres operar con acciones y bonos desde tu portátil?

RECORRE TU PROPIO CAMINO

Enriquecerte significa hacer las cosas a tu manera, no convertirte en un calco de aquellos de los que estás aprendiendo. Experimenta, toma lo que mejor te conviene, construye sobre las ideas y hábitos que te gustan y, en última instancia, adapta y ajusta en función de tus necesidades y tu situación.

2 3

TU REPUTACIÓN
LO ES TODO

«Vive la vida como si te estuvieran filmando
24 horas al día, 7 días a la semana».

Tu reputación es tu marca. Es cómo te ven los demás y cómo te juzgan. Es casi imposible conservar un buen trabajo, dirigir con éxito una *start-up* o atraer inversores si tienes mala reputación.

Superestrellas mundiales como Tiger Woods o Lance Armstrong han perdido patrocinadores por daños a su reputación. Líderes empresariales han tenido que dimitir por errores de diverso tipo, desde publicaciones poco meditadas en las redes sociales hasta por usar información privilegiada de manera poco ética.

La creación de riqueza implica conectar y trabajar con los demás, y tu marca personal te abre puertas, ya sean colegas de alto nivel que aceleran tu carrera, un banco que te ofrece financiación o una empresa de capital de riesgo que te aporta una suma inicial y experiencia.

Todas estas personas saben que, si te respaldan, su reputación se verá mezclada con la tuya. Si caes, ellos se verán afectados, algo que nadie desea. Sé la apuesta segura y la gente siempre estará ahí para apoyarte.

 Se necesitan muchos años para forjarse una buena reputación, pero tan solo un momento para arruinarla.

✔ *Ponlo en práctica*

PROTEGE TU MARCA

Puedes asegurarte de mantener una buena reputación prestando atención a cada una de tus palabras y acciones:

- Haz una pausa antes de enviar correos electrónicos, tuits o mensajes. ¿Estás comunicando exactamente lo que quieres decir o podría malinterpretarse?

- Piensa antes de hacer comentarios casuales. ¿Hay alguna forma de que puedan interpretarse como arrogantes, discriminatorios, sexistas o intimidatorios?

- Reflexiona antes de asumir compromisos y promesas. ¿Confías en poder cumplir las expectativas que vas a crear?

- Sé sincero. Todos mentimos: los estudios sugieren que decimos decenas de pequeñas —y no tan pequeñas— mentiras cada día. Aférrate a la verdad y tu reputación se verá beneficiada.

SÉ HONESTO

No pasa nada por no ser perfecto. Procura ser sincero sobre tus errores y puntos débiles, ya se trate acerca de una empresa que creaste y fracasó, de los puestos de trabajo en los que tuviste dificultades o de confesar que no tienes respuesta para todo.

24

UTILIZA EL DINERO A MODO DE PALANCA

«Cuando se trata de recurrir al apalancamiento financiero, lo poco se convierte en mucho. Una pequeña colina puede acabar siendo una majestuosa montaña».

Es muy difícil hacerse rico confiando únicamente en el dinero propio. En su lugar, es habitual que los inversores pidan dinero prestado y utilicen fondos adicionales para comprar activos, como propiedades, acciones o empresas. Este tipo de préstamos se conoce como apalancamiento financiero. No se trata solo de tener más dinero; pedir prestado para invertir también aumenta el porcentaje de rentabilidad de cualquier inversión. Te lo mostraré con el ejemplo de una inversión inmobiliaria:

- Compras una casa de 200 000 € utilizando solo 20 000 € de tu propio dinero. El resto lo financias con una hipoteca de 180 000 €.

- Al cabo de un año, el precio de mercado de la vivienda ha subido un 10%, por lo que decides venderla:

Producto de la venta	220 000 €
Menos reembolso al banco	180 000 €
Beneficio de la venta	40 000 €

Esto te da un rendimiento del 100% sobre los 20 000 € iniciales que invertiste (es decir, recuperas los 20 000 € iniciales y ganas otros 20 000 €).

Este es el atractivo del apalancamiento. Si hubieras utilizado tu propio efectivo para pagar la totalidad de la inversión inicial, solo habrías obtenido una rentabilidad del 10%, es decir, un beneficio de 20 000 €, que es un 10% más de lo que pagaste en un principio. Pasamos por alto las comisiones y otros costes porque se trata de un ejemplo sencillo, pero supongo que captas la idea: pedir dinero prestado puede proporcionarte un mayor rendimiento en una inversión.

El mismo aumento del beneficio o rendimiento es válido para otras inversiones.

Saber cómo recurrir al apalancamiento financiero con tu dinero requiere reflexión y práctica.

✓ *Ponlo en práctica*

· ·

NO RECURRAS AL APALANCAMIENTO FINANCIERO EN EXCESO

El poder del apalancamiento en tiempos de buena economía es asombroso. Cuando suben los precios de los valores, las acciones, las casas y otros activos, hasta el pequeño inversor puede conseguir grandes beneficios en comparación con sus desembolsos iniciales. Pedir prestado para crear un imperio inmobiliario o convertirse en operador en los mercados financieros puede parecer dinero fácil. No es de extrañar que haya tantas hipotecas inmobiliarias. Solo en el Reino Unido hay más de 11,1 millones de hipotecas por valor de más de 1,4 billones de libras.

El peligro surge cuando los precios caen y no se puede pagar el préstamo con los ingresos de la venta. En el ejemplo de la compra de la casa de 200 000 €, imaginemos que los precios bajan un 20%. La vivienda pasa a valer 160 000 €, por lo que debes al banco 180 000 €.

Si esta fuera tu única inversión problemática, quizá podrías vivir con una pérdida de 20 000 euros, pero ¿cómo afrontarías la situación si has comprado otras cuatro propiedades, todas ellas con préstamos bancarios similares? ¿Las conservas con la esperanza de que suban de valor o las vendes y afrontas las pérdidas? ¿Cómo devolverías al banco el importe total adeudado?

Hay que tener cuidado con la cantidad de activos, de cualquier tipo, que se compran con dinero prestado. Un apalancamiento excesivo es la forma más fácil y rápida de perder todo el patrimonio. No dejes que los buenos tiempos te engañen haciéndote creer que tus inversiones nunca perderán valor. Pregúntate siempre si puedes sobrevivir a una caída del valor de las inversiones que hayas adquirido mediante esta forma.

NO ICES LA BANDERA BLANCA

*«Nunca te rindas. La mayoría de la gente nunca llega
a la cima de la montaña ni tira la toalla ante la primera subida».*

Según Credit Suisse, más del 99,5% de la gente no es millonaria. De los 42 millones de millonarios que hay en el mundo, la mayoría solo han alcanzado ese estatus porque sus propiedades inmobiliarias han subido de valor. Ganar dinero es un camino largo, duro, poco específico y solitario, y hay muchas razones para abandonar por el camino.

Mires donde mires, la gente se enfrenta a reveses:

- El 43% de los estadounidenses considera que «no está ni siquiera cerca» de alcanzar la independencia financiera, según una encuesta de 2017 de Consolidated Credit, Inc.

- Un tercio de los pensionistas australianos vive en la pobreza, según un estudio de 2016 del *think tank* Per Capita.

- El 48% de los inversores británicos no logra alcanzar sus objetivos financieros, según una encuesta realizada en 2018 por syndicateroom.com y la firma de investigación FTI.

Puede que hacerse rico no lo sea todo, pero alcanzar los objetivos financieros es sin duda lo suficientemente importante como para no rendirse al primer contratiempo...

 Has empezado y tienes que terminar. Abandonar no es una opción.

✓ *Ponlo en práctica*

SIGUE CAMINANDO

Asegúrate de que les das a tus objetivos financieros la suficiente importancia. Si de verdad crees que son esenciales, te resultará más difícil renunciar a ellos.

CELEBRA LOS LOGROS A CORTO PLAZO

Reconoce tus éxitos y los obstáculos que has superado, por pequeños que sean. Esto te ayudará a recordar que el objetivo final es posible, que puedes lograrlo.

DESARROLLA LA PERSISTENCIA

No es fácil. Algunas personas son más persistentes que otras de manera natural. Entonces, ¿cómo se puede adquirir?

- Tómatelo con calma y ten paciencia. Si no esperas lograrlo todo al instante, podrás mantener mejor el rumbo.

- Haz una pausa antes de reaccionar ante los acontecimientos y las situaciones. Cuando tengas ganas de tirar la toalla, vete a casa y consúltalo con la almohada. Retómalo fresco por la mañana.

- Rodéate de personas de apoyo. Tener gente con la que hablar y que te anime a seguir por el buen camino puede ser de gran ayuda.

TODO ES UNA LECCIÓN

Te encontrarás con elementos que te retrasen, bloqueos y contratiempos financieros, y caerás en errores. Si los analizas bien, serán una lección. Aprenderás a:

- Evitar que se repitan.

- Hacerlo de forma diferente.

- Modificar las acciones, comportamientos y planes.

2 6

NO TE PONGAS SENTIMENTAL

«No tienes que vender a tu abuela. Puede quedarse contigo.
¡Pero todo lo demás debe irse!».

E s humano encariñarse con las cosas que se tienen desde hace tiempo. Lo mismo ocurre con las inversiones. Pero el hecho de que tengas algo en gran estima no significa que sea genial. Nunca debes apegarte emocionalmente a tus inversiones y siempre tienes que estar dispuesto a dejarlas ir cuando llegue el momento. A demasiados inversores les cuesta desprenderse de ellas.

Mi abuelo mantuvo su tienda de Yorkshire (Reino Unido) durante décadas. Era una tienda de ultramarinos que había creado desde cero y rechazó muy buenas ofertas económicas, a pesar de los indicios de que estaba en declive, a medida que aparecían supermercados por todas partes. Se resistía a dejarla ir y, cuando finalmente la vendió, fue por una fracción de lo que podría haber obtenido si lo hubiera hecho antes.

Desarrollar un apego emocional al dinero o a determinadas inversiones porque te conectan con tu pasado, o por alguna otra razón, no vale la pena.

 Deja marchar lo que sea preciso cuando llegue el momento o acabarás obteniendo un bajo rendimiento.

✔ *Ponlo en práctica*

SUPERA TUS PROBLEMAS DE APEGO

Examina tus finanzas, obligaciones laborales e inversiones y piensa por qué adquiriste cada una de ellas, preguntándote «¿Por qué sigo aferrándome a ellas?».

- ¿Tienes acciones de una determinada empresa solo porque tuviste en ella tu primera experiencia laboral?
- ¿Sigues con la empresa familiar porque cerrarla significaría renunciar a los sueños de tus padres?
- ¿Estás invirtiendo fondos en un negocio inmobiliario deficitario porque le has puesto tanto corazón y alma que no puedes dejarlo ir?

No tienes que desprenderte de un activo o una inversión solo porque tengas un vínculo emocional con él, sino deshacerte de los que tan solo conservas precisamente por ese vínculo.

CORTA EL CORDÓN UMBILICAL

Es humano tener vínculos y conexiones emocionales, pero, si están provocando la disminución de tu patrimonio, tienes que decidir entre cumplir con tus objetivos financieros y aferrarte a tu pasado.

27

DA Y RECIBIRÁS

«No puedes acaparar toda tu riqueza.
Tienes que dar algo a los demás».

Según un estudio de la Universidad de Zúrich publicado en la revista *Nature Communications* en 2017, aunque solo dones pequeñas cantidades, tu felicidad, satisfacción y bienestar mejoran en la misma medida que si hubieras regalado sumas de dinero mucho mayores. Acostúmbrate a dar a quienes lo necesitan de forma regular. Además de ayudar a los demás, te estarás ayudando a ti mismo.

El beneficio que obtienes es que cuando das, incluso sin esperar nada a cambio, recibes en consecuencia. En un estudio de 2007 titulado «Altruism and Indirect Reciprocity» («Altruismo y reciprocidad indirecta»), los sociólogos Brent Simpson y Robb Willer demostraron que es muy probable que tu generosidad de hoy se vea recompensada más adelante. La generosidad mejora tu reputación, lo que incrementa la probabilidad de que en el futuro recibas beneficios por parte de terceros, incluso de personas que no se han beneficiado de tus acciones.

Todo esto puede parecer una perogrullada, pero refleja lo que indican muchas enseñanzas espirituales y religiosas. El hinduismo y el budismo hablan del karma, el cristianismo de «recoger lo que se siembra» y de «dar y recibir». Fuera de la religión, la gente habla de la energía del universo y de la ley de la atracción. Sea cual sea tu perspectiva, parece que hay algo de cierto en ello.

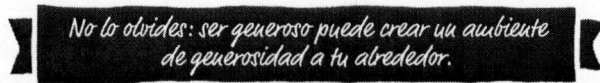

No lo olvides: ser generoso puede crear un ambiente de generosidad a tu alrededor.

✔ *Ponlo en práctica*

MANTÉN LA MENTE ABIERTA

Puede que te sientas muy cómodo con la idea de que dar crea una energía de abundancia a tu alrededor. Quizá creas en la idea del karma, según la cual las buenas acciones vuelven a nosotros de alguna manera. La sugerencia de que creamos nuestra propia realidad positiva al proyectar energía positiva también puede resultarte atractiva. Este tema se trata en muchos de los libros de autoayuda más vendidos, como *El secreto*, de Rhonda Byrne, y *El poder de la intención*, de Wayne Dyer. Déjate llevar por la idea de que ser generoso crea un contexto de generosidad a tu alrededor.

EMPIEZA HOY

No esperes a ser muy rico o a jubilarte. ¿Por qué esperar años antes de devolver algo? Empieza hoy mismo.

VE POCO A POCO

Dona lo que puedas hoy y no te sientas culpable si no es gran cosa. Donar pequeñas cantidades a una organización benéfica es un comienzo perfecto. Más adelante, a medida que aumente tu patrimonio, podrás optar por donar cantidades mayores o incluso considerar la posibilidad de legar dinero en el testamento a causas benéficas. Y no olvides las ventajas fiscales de hacerlo.

28

EL INTERÉS COMPUESTO ES MÁGICO

«Descubre la magia del interés compuesto. Comprende cómo funciona y te hará rico. Si no lo entiendes, te empobrecerá».

El interés compuesto puede hacerte ganar o perder. Depositar dinero en una cuenta de ahorros y dejarlo intacto durante muchos años puede reportarte una pequeña fortuna, pero una deuda con una tarjeta de crédito puede hundirte.

Incluso con tipos de interés bajos, el impacto de la capitalización es significativo. Te lo demostraré con un poco de matemáticas. Imagina que te han dado 1000 euros y los depositas en una nueva cuenta de ahorro que te paga, antes de impuestos, un 3 % de interés anual. Dejas la cuenta intacta. Observa cómo crece el saldo a medida que se calculan los intereses anuales sobre el saldo total al final de cada año.

Año 1	1030 €	Año 6	1194 €
Año 2	1061 €	Año 7	1230 €
Año 3	1093 €	Año 8	1267 €
Año 4	1126 €	Año 9	1305 €
Año 5	1159 €	Año 10	1344 €

Incluso con un bajo tipo de interés de depósito, del 3 %, tu dinero ha crecido un tercio en diez años. Esta es la alegría de ganar intereses sobre intereses o de la capitalización, como se conoce.

La otra cara de la moneda es la consecuencia de no pagar las deudas. Como todo, el interés compuesto puede jugar a tu favor o en tu contra si no eres prudente.

 No subestimes las pequeñas cantidades de intereses. Todo suma con el tiempo.

✔ Ponlo en práctica

EVITA PAGAR INTERESES COMPUESTOS

Los tipos de interés que pagas son siempre más altos que los de los depósitos. Puedes utilizar los bajos tipos de interés de algunos préstamos en tu beneficio, pero los intereses de las facturas de las tarjetas de crédito y los de los adelantos siempre son perjudiciales. De hecho, los efectos de un elevado interés compuesto en tu contra pueden ser aterradores.

Incluso con los límites impuestos por los Gobiernos, podrías estar pagando fácilmente más del 30 % de interés anual, a veces denominado TAE, que son las siglas de la tasa anual equivalente. A menudo es muy difícil saber cuánto te cobrarán hasta que recibes la factura mensual del banco. En ocasiones, los intereses se calculan diariamente, lo que puede hacer que los importes totales que se acaban pagando sean más elevados de lo que se pensaba.

Este ejemplo muestra cómo una pequeña factura impagada de una tarjeta de crédito puede convertirse en una deuda enorme. Supongamos que pides prestados 1000 euros en diciembre. Los intereses se cobran por primera vez en enero. El TAE es del 24 % y los intereses se calculan mensualmente:

- Enero: el interés es el 2 % de 1000 €, es decir, 20 €.
- Febrero: el interés es el 2 % de 1020 €, es decir, 20,40 €.
- Marzo: el interés es el 2 % de 1040,40 €, es decir, 20,80 €.
- En diciembre, tendrías que pagar 1243,37 € para liquidar el saldo total, sin contar otras comisiones que te puedan cobrar. La próxima vez que te retrases a la hora de devolver dinero, ten en cuenta cuánto te puede acabar costando.

Con los adelantos de salario puedes acabar debiendo mucho más, hasta dos o tres veces la cantidad original prestada.

EMPIEZA POCO A POCO Y TEN PACIENCIA

Cuando puedas, reserva algo de dinero en una cuenta de ahorros para ganar intereses compuestos. Retira los fondos solo si tienes pensado darles un uso más productivo, como comprar bonos o propiedades o invertir en un negocio. De lo contrario, no hagas nada, tan solo observa cómo va creciendo el saldo.

29

UNOS INGRESOS PREVISIBLES TE DAN TRANQUILIDAD

«Dame un ingreso regular y me quedaré tranquilo».

En nuestro mundo volátil y cambiante, tener unos ingresos fiables y regulares es una bendición que te permite concentrarte en construir tu patrimonio, en lugar de preocuparte por cómo llevar comida a la mesa. Si puedes prever con exactitud las entradas de dinero, estarás en una posición ventajosa.

Los ingresos recurrentes (o residuales) son aquellos que te siguen llegando después de haber realizado el trabajo y, por regla general, proceden de dos fuentes:

1. De los rendimientos y rentas de los activos de la propiedad.

2. De los ingresos generados a través de negocios y trabajos que emprendas.

Si recibes dinero de alguna de las siguientes fuentes, estás obteniendo ingresos residuales:

- De un salario.
- De los intereses en tu cuenta de ahorro.
- Del alquiler de tus propiedades, incluidos los alquileres vacacionales, como Airbnb.
- De la venta de productos y servicios: es posible que tengas un volumen de negocio regular o, mejor aún, que los clientes se suscriban a tus servicios.
- De un negocio de *marketing* en red.
- De los dividendos y rendimientos de tu cartera de inversiones.
- De regalías y honorarios que te corresponden por tus patentes e ideas, incluidos los libros que has escrito.

 Tener certeza sobre al menos algunos de tus ingresos puede aliviar el estrés que supone aumentar el patrimonio.

✔ *Ponlo en práctica*

UTILIZA UN FLUJO DE INGRESOS RECURRENTES COMO TRAMPOLÍN

Deberías considerar cualquier ingreso periódico como un colchón o un seguro; sabes que va a llegar, lo que te deja libertad para explorar otras opciones para hacer crecer tu patrimonio financiero y alcanzar tus objetivos. Te permitirá asumir algunos riesgos con tu dinero, experimentar, aprender y probar nuevas ideas de inversión y generación de ingresos.

BUSCA INGRESOS PERIÓDICOS RESIDUALES

Los ingresos ideales son los ingresos pasivos. Se trata de dinero que ganas mientras duermes y que requiere poco o nada de tu tiempo y esfuerzo para crearlo y mantenerlo. Hablaremos de esto más adelante.

NO PIERDAS DE VISTA EL NEGOCIO

Ningún flujo de ingresos es totalmente automático ni está garantizado al cien por cien. Que sea regular no significa que puedas olvidarte de él. Todos los flujos de ingresos requieren cierto nivel de atención y apoyo, así que mantén tu atención y vigila de cerca todas tus fuentes de riqueza.

- Si tienes propiedades de alquiler en una ciudad determinada, vigila la zona. Presta atención a todo aquello que pueda repercutir en el valor y el atractivo de tus casas o apartamentos.

- Estate al día de los cambios en las normas fiscales que puedan afectar a tus inversiones y hacerlas más o menos atractivas.

- No confíes ciegamente en las personas que gestionan los activos que producen tus ingresos. Ningún agente inmobiliario, corredor de bolsa o gestor de fondos es perfecto.

30

SALDA LAS DEUDAS IMPRODUCTIVAS

«Las deudas pueden hasta con la persona más feliz».

S i estás ahogado en deudas y luchas por llegar a fin de mes, tienes que decidir si las deudas son productivas o improductivas.

Algunas son útiles. Como la deuda productiva: los préstamos contraídos para ayudarte a invertir en propiedades o financiar otras inversiones, incluida la ayuda para comprar o hacer crecer un negocio. Estas inversiones te proporcionan rentas y dividendos. Producen flujos de ingresos que, con suerte, cubrirán los intereses que te cobran los préstamos iniciales.

Tus deudas de consumo improductivas son las que deberían preocuparte. ¿Has sumado ya las de todas tus tarjetas de crédito, pagos de compras a plazos, adelantos de salario, préstamos para coches y por saldo insuficiente en la cuenta? Estas son las deudas que pueden afectarte más con sus elevadas comisiones y pagos de intereses, y sin que se generen flujos de ingresos.

 Las grandes deudas improductivas te impedirán llegar a ser rico. De hecho, te harán ser pobre y estar deprimido y ansioso.

✓ *Ponlo en práctica*

PRIORIZA LAS DEUDAS

Calcula todo lo que debes. Incluye las deudas potencialmente productivas, como las hipotecas, y las deudas improductivas, como las facturas de las tarjetas de crédito y los reembolsos de préstamos. No olvides todas tus obligaciones financieras. Averigua, en particular, si tienes deudas que puedan dar lugar a acciones legales o a otras sanciones económicas en caso de impago.

ANALIZA LOS COSTES

¿Cuántos intereses te cobran por el dinero que debes? Intenta averiguar cuáles son las comisiones y cuándo hay que pagarlas. El objetivo es saber qué deudas son más caras y cuáles hay que reembolsar antes para minimizar los gastos totales. Fíjate en las ventajas fiscales de determinados pagos, por ejemplo, los intereses hipotecarios en algunos países.

REDUCE EL COSTE DE LA DEUDA

Esto puede lograrse de muchas maneras, entre ellas:

- Utilizando el dinero sobrante para pagar ciertas deudas.
- Renegociando deudas, incluida la hipoteca.
- Contratando formas de préstamo más baratas y utilizando los fondos para pagar la deuda que más cara sale.

Este es un asunto complejo y, si tienes problemas graves, debes buscar ayuda y asesoramiento.

3 1

NO APUESTES

*«Si quieres apostar, deshazte de este libro. Llévate tus ahorros
a Las Vegas o a Macao y disfrútalos mientras te duren».*

En general, los ricos no apuestan. En un estudio estadounidense del autor y planificador financiero Thomas Corley, el 77 % de las personas pobres admitió jugar regularmente a la lotería, frente a solo el 6 % de las personas acaudaladas. La conclusión de Corley es que «las personas pobres confían en la buena suerte del azar para salir adelante en la vida, en lugar de en las oportunidades, en las que confían las personas ricas». Crear oportunidades es el tipo de suerte en el que debes centrarte (hablaremos de ellas más adelante).

El juego no se limita a los casinos, las casas de apuestas y la lotería. A lo largo de los años se han producido muchas subidas súbitas en el mercado de valores, momentos en los que los inversores se han apresurado a comprar y vender para obtener beneficios en un frenesí sin tener ni idea de lo que estaban haciendo, para luego acabar escaldados.

Por supuesto que a algún afortunado le toca la lotería, pero la probabilidad de que seas tú es mínima. Es mucho mejor invertir el dinero en lo que puedas controlar, o al menos en lo que puedas tener cierto control, como en activos que generen ingresos, en lugar de esperar que la suerte te sonría.

> **Nadie se ha enriquecido esperando una racha ganadora.**

✔ *Ponlo en práctica*

EVITA APOSTAR

A todo el mundo le gusta apostar, pero el juego no es rentable y la suerte no hará de ti un inversor de éxito. Nunca compres acciones, opciones, derivados, propiedades u otros activos basándote únicamente en tus sentimientos, la buena suerte o un mero capricho. No importa si has visto a otros hacerse ricos especulando. A menos que entiendas el mercado en el que estás invirtiendo, debes mantenerte alejado de él.

Las reglas para evitar apostar con tus inversiones son:

- Estudiar siempre las oportunidades en las que quieres invertir, ya sea en el mercado inmobiliario, en acciones de una empresa que acaba de entrar en bolsa o en fundar una *start-up*.
- Intentar invertir pequeñas cantidades al principio, por increíble que parezca la oportunidad.
- Nunca dedicar todo el dinero a una sola empresa o inversión.

SIMPLEMENTE, NO LO HAGAS

Mantente alejado de los sitios web de apuestas, donde los algoritmos están diseñados para garantizar que, por término medio, gane el sitio web y no tú. Las probabilidades están en tu contra. La probabilidad de ganar es increíblemente baja. Si quieres apostar por diversión, hazlo con calderilla, nunca con la intención de hacerte rico.

3 2

NO PIDAS PRESTADO A NADIE CERCANO

«¿Qué es más importante para ti, la amistad o el dinero?».

Pedir préstamos para acumular activos que generen ingresos forma parte del crecimiento del patrimonio, por lo que la familia y los amigos pueden parecer una fuente obvia de fondos:

- Los tenemos cerca y conectamos con ellos.
- Ellos te conocen y tú los conoces.
- Sabes lo amables y generosos que son.
- Es posible que ya sepas de cuánto dinero disponen.
- Puede que entiendan lo que estás haciendo y comprendan por qué necesitas el dinero.

En cambio, los bancos, los inversores profesionales y otras posibles fuentes de dinero son más complicados y exigentes. Implican papeleo, planes de negocio, garantías, documentación, informes... Necesitan tiempo para conocerte, entender por qué necesitas financiación y hacerlo a través de sus procesos. Y, al final de todo eso, sus análisis financieros y evaluaciones de riesgo pueden concluir que no te van a dar lo que necesitas.

A pesar de todo, es mejor, en la medida de lo posible, no depender de los seres queridos. La gente puede sentirse presionada a ayudarte, pero preocupada por si no se lo devuelves a tiempo, o por si no les pagas intereses o no firmas un contrato de préstamo. Acuérdate de Shakespeare y piénsatelo dos veces antes de poner a prueba tus amistades y lazos familiares.

 «Prestar y pedir prestado a menudo hace perder el dinero y al amigo». (William Shakespeare)

✔ *Ponlo en práctica*

AGOTA PRIMERO OTRAS FUENTES

Antes de acudir a tu madre o a tu mejor amigo, asegúrate de haber agotado todas las demás posibilidades. Si los bancos, los inversores profesionales y otras fuentes de financiación no están dispuestos a prestarte dinero, trata de entender por qué:

- Puede que piensen que tus planes no merecen la pena.
- Podrían pensar que careces de garantías de reembolso.
- Quizá tengas un mal historial crediticio o no dispongas de ingresos seguros que les den confianza para prestarte su dinero.

Si los profesionales no te conceden un préstamo, ¿te parece una buena idea pedírselo a tus allegados? Piensa si las preocupaciones del banco están fundamentadas y por qué te consideran un prestatario de alto riesgo antes de recurrir a amigos y familiares.

LLEGADO EL CASO...

Si terminas pidiendo prestado a los que te rodean, sigue estos consejos:

- Nunca obligues a nadie a que te preste.
- No regatees.
- Asegúrate de que tienen dinero de sobra y se sienten cómodos prestándotelo.
- No obvies los peores escenarios posibles y cómo afrontaríais ambos la situación si, llegado el caso, tienes dificultades para devolverle el dinero.
- Ofrece y acepta pagar intereses de mercado.
- Acordadlo por escrito y firmad ambas partes junto con un testigo neutral.
- Paga el préstamo tan pronto como puedas, idealmente antes de lo acordado.
- Muestra un gran agradecimiento y hazle saber que estás dispuesto a ayudarle cuando sea necesario.

33

ASUME ALGUNOS RIESGOS

«Lo más arriesgado es no correr riesgo alguno».

Hacerse rico implica riesgos. Como regla general, cuanto mayor sea la rentabilidad potencial de un activo o una inversión, mayor será el riesgo y, por tanto, la posibilidad, de que no se alcance dicha rentabilidad. Normalmente, la probabilidad de fluctuaciones en el importe de la rentabilidad aumenta con las inversiones de mayores beneficios potenciales.

En un extremo del espectro, puedes dejar tu dinero en el banco y recibir un tipo de interés muy pequeño, pero asegurado al cien por cien. En el otro extremo están las empresas tecnológicas de nueva creación, con elevadas tasas de fracaso, en las que el alto riesgo de perder el dinero se compensa con unos beneficios potencialmente elevados para los pocos afortunados que ven sus inversiones devueltas, a veces hasta cien veces, después de que la empresa sale a bolsa.

No existe una forma totalmente segura de aumentar el patrimonio. Las probabilidades pueden variar, pero cualquier valor financiero puede caer:

- El precio de las acciones puede perder valor o, peor aún, la empresa puede quebrar.
- Los precios de la vivienda pueden bajar o una propiedad puede perder valor debido a problemas estructurales imprevistos o a nuevas construcciones cercanas.
- Todo tipo de productos financieros, desde los derivados hasta los *swaps* de divisas, pueden hacerte perder dinero, dejar de tener valor o, lo que es peor, costarte dinero.
- El oro, las letras del Tesoro, los bonos del Gobierno y otros activos supuestamente seguros pueden perder valor.
- El dinero en efectivo puede parecer seguro, pero una inflación elevada puede hacer caer su valor real.
- Los bienes materiales, como las obras de arte, pueden robarse o dañarse.

Si quieres riqueza, tendrás que asumir algunos riesgos.

✔ *Ponlo en práctica*

¿DE CUÁNTO TIEMPO DISPONES?

Tu nivel de tolerancia al riesgo variará en función de si tienes previsto jubilarte dentro de un año o dentro de veinte. Cuanto más tiempo tengas para aumentar tu patrimonio, más oportunidades tendrás de obtener mayores rendimientos con un mayor nivel de riesgo. Si fracasas, aún dispones de tiempo para recuperar las pérdidas.

Por el contrario, si tienes menos años para hacer crecer tu patrimonio, debes ir con más tiento. Sé prudente a la hora de poner tu dinero en inversiones de alto riesgo: un depósito a plazo fijo del 3% en tu banco local puede ser lo adecuado en este momento.

EXPLORA TU TOLERANCIA AL RIESGO

¿Eres una persona que asume riesgos por naturaleza o sientes aversión por ellos? Si sueles ir sobre seguro, puede que necesites salir de tu zona de confort, y si eres muy optimista y corres riesgos con facilidad, puede que a veces tengas que contenerte.

PONDERA EL RIESGO DE LAS INVERSIONES QUE HAGAS

Puede sonar un poco técnico, pero la idea es muy sencilla. El objetivo es mantener una mezcla de inversiones, algunas con una combinación de alta rentabilidad y alto riesgo, otras con una rentabilidad más garantizada pero menor. Si la cartera de inversiones que tienes en mente es variada y compleja, acude a un asesor financiero, un banquero o un contable para que te ayuden a crear un equilibrio adecuado de inversiones de alto y bajo riesgo.

34
CUIDADO CON LAS OSCILACIONES DE LAS DIVISAS

«Lo que sube siempre baja... pero nunca cuando te lo esperas».

Puedes perderlo todo cuando el tipo de cambio se vuelve en tu contra. Un conocido tenía un apartamento en Hong Kong. En vista de los bajísimos tipos de interés de Japón, un asesor hipotecario le animó a cambiar su hipoteca de dólares de Hong Kong a yenes. De la noche a la mañana, su cuota mensual se redujo y todo fue bien. Hasta el año siguiente, cuando el yen se revalorizó frente al dólar de Hong Kong. De repente, tuvo que hacerse con más dólares de Hong Kong para convertirlos en yenes y poder hacer frente a los pagos mensuales de su hipoteca. El yen subió tanto que tuvo que pagar mucho más que si hubiera mantenido la hipoteca en dólares de Hong Kong.

Mucha gente se deja seducir por las oportunidades de «ahorrar dinero», pero hay muchas posibilidades de que las cosas salgan mal. En un mundo en el que las divisas y los tipos de cambio suben y bajan constantemente, es imposible predecir con total exactitud su evolución a lo largo del tiempo. Es perfectamente posible tener un activo (casa) y un flujo de ingresos (salario y rentas) en una divisa (por ejemplo, en dólares de Hong Kong o en libras esterlinas) y una deuda u obligación (préstamo hipotecario) en otra (por ejemplo, en yenes o francos suizos), pero nunca se puede predecir si se saldrá ganando o perdiendo con el tiempo.

Los mismos riesgos corren las empresas que venden en el extranjero (es decir, que exportan) o que realizan importaciones. Si inviertes o diriges una empresa de este tipo, debes ser consciente de los riesgos cambiarios. Las importaciones pueden encarecerse cuando la moneda de tu país se debilita (se deprecia), mientras que tus ingresos por ventas disminuyen cuando sube (se revaloriza).

Del mismo modo, existen riesgos al invertir el dinero en fondos y productos financieros en determinadas divisas extranjeras.

 En caso de duda, guarda tu dinero en la moneda de tu país.

✔ *Ponlo en práctica*

CONTROLA TUS IMPULSOS

Ten cuidado con las grandes ofertas que implican a diferentes países y divisas. Es posible que tu asesor financiero te ofrezca tipos de interés más bajos en otro país o mayores rendimientos financieros, pero sé prudente.

SIMPLIFICA Y COMBINA

Como regla general, asegúrate de que tanto los activos como los préstamos sobre esos activos estén en la misma moneda que las fuentes de ingresos que se utilizarán para pagar los préstamos. Es lo que se conoce como *matching* —emparejamiento de activos y pasivos—, lo que puede evitar muchos disgustos.

En los casos en que necesites invertir, comprar o vender en el extranjero, puedes hacer uso de la cobertura de divisas. En su forma más sencilla, consiste en pagar una comisión al banco para comprar una divisa a un tipo de cambio fijo predeterminado. También puedes comprar las divisas que necesites antes de lo necesario si el tipo de cambio te favorece y «bloquearlas» a un tipo de cambio concreto. En cierto modo, esto es lo que se hace cuando se compran divisas para las vacaciones semanas o meses antes de viajar a un país extranjero.

PROCURA COMPRENDER EN QUÉ CONSISTEN LOS TIPOS DE CAMBIO

Las divisas al alza y a la baja confunden. En el momento de escribir estas líneas, 1 dólar equivale a 0,78 libras esterlinas. Esto significa que 1,00 £ vale 1,28 US$. Cuando el dólar estadounidense se deprecia frente, por ejemplo, a la libra esterlina, esto significa que equivale a menos en libras (por ejemplo, 1 US$ cae de 0,78 £ a 0,68 £). Cuando su valor aumenta, ocurre lo contrario y cada dólar vale más en libras. Por ejemplo, 1 US$ pasa de 0,78 £ a equivaler quizá 0,88 £. Asegúrate de conocer bien los tipos de cambio antes de realizar cualquier operación o inversión.

35

MANTÉN LAS PROPIEDADES

«Cuando renuncias a una propiedad, renuncias a tu libertad a cambio de un beneficio a corto plazo».

Por muy desesperado que estés por conseguir financiación adicional, procura no vender tus participaciones en una empresa o una parte de los activos que posees, como una propiedad o incluso una colección de vinos. Si lo haces, verás reducidos los beneficios futuros, los ingresos por ventas y el éxito en los años venideros.

Hay muchas historias de personas que han aceptado comprarles a conocidos cuando estos últimos se encontraban en un callejón sin salida. Una persona que conozco vendió a dos conocidos suyos el 50% de las acciones de su empresa —el 25% a cada uno— para financiar el crecimiento del negocio. El negocio se ha convertido ahora en una empresa multimillonaria y los inversores, que tienen poca participación en ella, disfrutan del 50% del botín.

Ten cuidado con ceder el control. Si te deshaces de un gran porcentaje de tus acciones, ya no podrás tomar decisiones por ti solo y serás incapaz de actuar sin la aprobación y el acuerdo de otra persona. Puedes llegar a arrepentirte de lo que has cedido; algo que, a toro pasado, podría parecerte una pequeña inversión.

¿Te arrepentirás de haber cedido participaciones en tu empresa?

✔ *Ponlo en práctica*

BUSCA FINANCIACIÓN ALTERNATIVA

Deshacerte de las propiedades debería ser tu último recurso. Antes explora estas posibilidades:

- Pedir un préstamo, pero ten cuidado con los usureros, aquellos que ofrecen intereses excesivamente elevados. Lo ideal es obtener financiación de una entidad financiera reconocida.
- Tratar de encontrar otras formas de financiación. Quizá tus clientes puedan pagarte antes o tus proveedores te concedan plazos de crédito más largos si negocias y les ofreces determinados incentivos.

Ten en cuenta que la financiación hipotecaria implica que un banco o una sociedad de crédito hipotecario adquiere derechos o un gravamen sobre tu vivienda. El banco no se convierte en propietario de tu nueva casa, pero tiene el recurso legal para hacerlo llegado el caso. Esto es muy diferente a darle a alguien, por adelantado y de forma permanente, un porcentaje de las acciones de tu empresa a cambio de fondos para hacer crecer tu negocio o mantenerlo a flote.

NEGOCIA DURO

Si realmente debes ceder acciones a cambio de dinero, limita al mínimo las acciones a las que renuncias. E intenta hacerlo por la mayor cantidad posible. Piensa en cómo te podrías llegar a sentir en el futuro con lo que hagas hoy. Puede que incluso sea mejor deshacerse de la empresa y, en casos extremos, cerrarla, en lugar de incluir a un nuevo accionista mayoritario.

INCLUYE UNA CLÁUSULA DE RECOMPRA EN TU CONTRATO

Intenta negociar el derecho a recomprar las acciones de las que te deshaces en un nuevo acuerdo de accionistas. Acuerda por adelantado cómo se calculará y pactará el precio de las acciones llegado el caso.

3 6

NO TE ADELANTES A LOS ACONTECIMIENTOS

«No vendas las patatas fritas antes de haber sembrado las patatas».

No asumas como beneficios lo reflejado en papel: los contratos que firmes con clientes, las ganancias de inversiones aún no realizadas y otros ingresos que aún no has percibido. Tu dinero y beneficios reales podrían acabar siendo mucho menores, retrasarse o incluso no llegar nunca. Recuerda:

- No todos los clientes pagan a todos sus proveedores a tiempo o en su totalidad.
- Los contratos pueden llegar a valer tan solo lo que el papel en el que están escritos.
- Es posible que la oferta de un nuevo empleo con un gran salario no tome forma.
- Las ganancias de las inversiones sobre el papel pueden desaparecer de repente.
- Los beneficios sobre el papel pueden quedarse ahí.

No consideres nunca como dinero real el que prevés percibir ni utilices ninguna cantidad hasta que no dispongas realmente de ella.

Una empresa de la que eres fundador o accionista puede ser muy rentable, pero también estar muy endeudada y no tener efectivo en el banco. Es muy común tener un flujo de caja negativo, lo que puede ocurrir por muchas razones:

- Clientes que no pagan a tiempo.
- Demasiado dinero invertido en acciones sin vender.
- Grandes inversiones en activos improductivos.

Si eres accionista de una empresa muy rentable, puedes creerte rico, pero la cosa cambia si la empresa está tan endeudada que se ve obligada a entrar en liquidación para pagar a sus acreedores.

Si los ingresos no han llegado, no te comprometas a gastarlos.

✔ *Ponlo en práctica*

NO GASTES DINERO QUE NO TENGAS GARANTIZADO AL CIEN POR CIEN

Ten cuidado de hacer planes y asumir compromisos que impliquen dinero cuando aún no dispones de él. Por ejemplo, cuando:

- Debes dinero a un cliente o un amigo.
- Has de pagar dividendos en tu empresa, pero se retrasa por problemas de tesorería.
- Aún no has firmado un nuevo contrato de trabajo.

La vida es inestable, las cosas cambian, la gente hace falsas promesas y no siempre es seria. No te arriesgues a verte con las manos atadas ante compromisos que no puedes cumplir. No te des el capricho de un coche de lujo ante un buen trabajo nuevo, pues no es imposible que te rescindan el contrato después del periodo de prueba.

- Evita adelantarte a los acontecimientos. Haz una pausa, ten paciencia y, en caso de duda, espera.
- Nunca seas avaricioso ni presumas.
- Asegúrate de que dispones de todos los fondos antes de utilizarlos.

37

CONSTRUYE
PUENTES

*«Las personas ricas buscan establecer contactos.
Todas las demás solo buscan un sueldo».*

¿ Cuándo fue la última vez que conociste a alguien nuevo? Poner a la gente de tu parte puede transformar tus perspectivas de riqueza. En su autobiografía, Eugene O'Kelly, quien fuera presidente de la multinacional de servicios de contabilidad Ernst & Young, cuenta que estaba tan decidido a reunirse con un cliente potencial clave que hizo que su asistente le reservara un billete de avión y un asiento específico para poder sentarse junto a él.

Algunas personas no se detienen ante nada para conseguir encontrarse con alguien. Piensa en el tipo de personas que podrían ayudarte. Es probable que te hagan:

• Tener éxito, ser rico y contar con alguien de quien aprender.

• Tener una mentalidad muy positiva, pensar que todo es posible y aflorar tus mejores cualidades y rasgos.

• Acumular experiencia y ser una fuente de ideas y consejos sobre lo que necesites.

• Contar con una nueva red de contactos que podrías necesitar en el futuro.

Puede que la perspectiva de acercarte a desconocidos te resulte difícil o que te sientas incómodo relacionándote con gente nueva. No es fácil y requiere práctica, pero, si tomas conciencia de su importancia, podrás hacerlo.

 Las redes de personas tienen un gran poder, por lo que cultivar la tuya es una de las mejores cosas que puedes hacer en tu búsqueda de riqueza.

✔ *Ponlo en práctica*

LAS PRIMERAS IMPRESIONES CUENTAN

Si eres una persona extrovertida, puede que te resulte natural dedicar tiempo a conectar con la gente, pero no es tan sencillo si no lo eres. En ese caso, piensa y practica cómo presentarte, cómo describir lo que quieres conseguir y cómo sacar a colación que necesitas ayuda y apoyo.

ASISTE A ACTOS Y EVENTOS ÚTILES

¿A qué tipo de eventos de *networking* podrías asistir? A continuación tienes algunas ideas para empezar:

- Actos de *networking* de inversores y empresarios de éxito.
- Ferias y convenciones de tu ámbito empresarial.
- Actos de las cámaras de comercio.
- Cursos y talleres sobre distintos aspectos relacionados con la creación de riqueza.

AMBOS OS DEBÉIS BENEFICIAR

Cuando establezcas un nuevo contacto, piensa en lo que puedes ofrecerle a cambio. Empieza por preguntar cómo puedes ayudarle y qué puedes hacer para apoyarlo. Yo suelo dar consejos de *coaching* y liderazgo; seguro que tú también tienes habilidades que ofrecer.

NO PIERDAS EL CONTACTO

Una vez que hayas tendido nuevos puentes, no permitas que se derrumben. Esfuérzate por mantener los contactos y trata de que se conviertan en verdaderos colegas de profesión.

38

INVIERTE EN LADRILLOS Y CEMENTO

«Me gusta el sector inmobiliario. Es de lo más tangible.
La gente siempre vive y trabaja en inmuebles».

Es muy probable que ya te enriquezcas con propiedades o que ganes dinero de otra forma y lo utilices para comprar inmuebles. Todas las personas ricas del mundo poseen propiedades como parte de su cartera de activos.

Hay muchas formas de propiedad: casas y apartamentos, urbanizaciones o edificios enteros, o propiedades comerciales, como terrenos, tiendas, torres de oficinas, fábricas y almacenes.

¿Por qué está tan extendido entre los ricos?

- Los precios de los inmuebles suelen subir con el tiempo (aunque, por supuesto, pueden bajar, normalmente a causa de una recesión económica, un exceso de oferta o el estallido de una burbuja inmobiliaria).

- Hay propiedades de todo tipo y en cualquier lugar hay algo para todos los gustos y presupuestos, desde caras mansiones hasta viviendas baratas para estudiantes.

- Los ingresos por alquiler suelen suponer un buen porcentaje de rentabilidad sobre el valor del inmueble. También es una forma fiable de generar ingresos pasivos (de los que aprenderás más adelante).

- Al igual que el oro, la propiedad es un activo físico que no desaparece fácilmente, a menos que se produzca una catástrofe natural, como un terremoto o un tsunami. Los activos físicos parecen más seguros que las inversiones en papel.

- Las financiaciones de ayuda a la compra de inmuebles son fáciles de conseguir, al menos en las economías desarrolladas.

- En muchos países hay un mercado preparado para comprar y vender propiedades.

- Puedes vivir o trabajar —o ambas cosas— en una vivienda de tu propiedad.

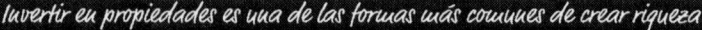

Invertir en propiedades es una de las formas más comunes de crear riqueza.

✓ *Ponlo en práctica*

CONSTRUYE UN IMPERIO INMOBILIARIO, LADRILLO A LADRILLO

Empieza poco a poco, con la compra de un estudio si es lo que te puedes permitir, pero empieza ya. Es mejor tener un pie en el negocio inmobiliario ahora que entrar en él más tarde, cuando los precios hayan subido. Además de comprar una casa para vivir en ella, podrías empezar a comprar otras propiedades —con financiación bancaria— y ponerlas en alquiler, con lo que es de esperar que estos ingresos cubran con creces las cuotas mensuales de la hipoteca y otros gastos que tengas como propietario.

UBICACIÓN, UBICACIÓN, UBICACIÓN

Compra en los lugares adecuados. En el caso de mis inversiones inmobiliarias, las que están en buenas ubicaciones siempre se han revalorizado y vendido rápidamente.

BUSCA OFERTAS DE FINANCIACIÓN

Tu reto es ahorrar el dinero suficiente para hacer el primer pago y cubrir otros gastos de la compra. Cuanto antes empieces a ahorrar, mejor. A menos que tengas mucho dinero en efectivo, es aconsejable que busques la ayuda de un banco. Solo tendrás que aportar un porcentaje, por ejemplo entre el 10 % y el 20 %, del precio total de compra (impuestos aparte).

Obtener un préstamo bancario o una hipoteca no es difícil. Hay numerosas entidades financieras que ofrecen préstamos o hipotecas y existen algunos sitios web excelentes donde comparar las ofertas disponibles. Presta atención a la hipoteca que elijas, en especial a las hipotecas de solo intereses, en las que durante un tiempo no se reembolsa el capital prestado.

¿CÓMO PUEDE AYUDARTE EL GOBIERNO?

En muchos países existen ayudas gubernamentales, como los programas para primeros compradores, o ciertas desgravaciones en la declaración de la renta. Infórmate bien de qué ventajas se ofrecen en tu país.

TAN RÁPIDO VIENE COMO SE VA

«De abuelo rico, hijo rico y nieto pobre».

La mayoría de las personas que heredan riqueza la pierden. Según la consultora estadounidense Williams Group, el 70% de las familias ricas pierden todo su patrimonio en la segunda generación y el 90% en la tercera. Lo mismo les ocurre a los que ganan la lotería: demasiados dejan que se les escape de las manos y se lo gastan todo en un par de años.

El dinero que te llega sin ningún esfuerzo es difícil de gestionar y muchas personas en esta situación simplemente no entienden la idea de utilizarlo para obtener ingresos. Es posible que hayas visto a tus padres trabajar duro para ganar y ahorrar dinero, así que cuando lo heredas tienes un poco de ventaja a la hora de valorar esa riqueza.

Lamentablemente, muchos no están preparados para recibir una herencia, a menudo porque sus padres no confían en ellos o no los preparan lo suficiente. Así lo refleja un estudio realizado en 2015 por el banco privado estadounidense US Trust, según el cual:

- El 78% de los encuestados afirma que sus hijos no son lo bastante responsables económicamente para gestionar una herencia.
- El 64% había revelado muy poco o nada sobre su patrimonio a sus hijos.

No es de extrañar, por tanto, que en el acervo de numerosas culturas haya tantas historias sobre la riqueza dilapidada por hijos y nietos.

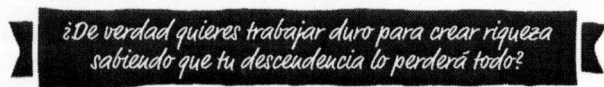

¿De verdad quieres trabajar duro para crear riqueza sabiendo que tu descendencia lo perderá todo?

✓ *Ponlo en práctica*

....

APRENDE DE TUS PADRES

Si esperas heredar un patrimonio, interésate por cómo tus padres crean, mantienen y hacen crecer lo que poseen. Observa, pregunta y entiende cómo lo gestionan todo. Esto incluye sus propiedades, carteras de acciones, relaciones con los bancos, cuestiones fiscales, fideicomisos en paraísos fiscales y cualquier otra cosa relacionada con su patrimonio.

Ofrécete a ayudar a tus padres para que puedas hacerte una idea de los retos que supone. Pide asistir a reuniones importantes con ellos o en su lugar, por ejemplo, con un gestor del patrimonio, un corredor de bolsa, un asesor fiscal o un gestor inmobiliario.

ADQUIERE CONOCIMIENTOS FINANCIEROS

El secreto para heredar riqueza y mantenerla con éxito es tener los conocimientos y habilidades adecuados. Hay que conocerlo todo al detalle. Se debe valorar la necesidad de ayuda y asesoramiento de expertos y plantearse seguir cursos de finanzas y gestión de patrimonio.

TRATA EL DINERO COMO SI LO HUBIERAS GANADO CON TU SUDOR

Adoptar la mentalidad adecuada no es fácil. Si tienes suerte, tus padres te habrán educado de la manera correcta en cuanto al dinero, para que sepas que debes pensártelo dos veces antes de actuar, gastar con cautela y nunca invertir de forma imprudente. Si no tienes estas cualidades, leer este libro y poner en práctica lo que aquí se dice te ayudará a estar preparado.

40

MUESTRA GRATITUD

....

«Nunca olvides a los que te ayudaron.
Nunca se sabe cuándo volveréis a necesitaros».

La diferencia entre el éxito financiero y el fracaso puede ser mínima y el resultado puede variar con la ayuda de una sola persona. Algunos de los multimillonarios de hoy siguen hablando de momentos cruciales en su vida que a menudo dependieron de un simple gesto. El multimillonario hongkonés Li Ka-Shing es en la actualidad una de las personas más ricas del mundo, con un vasto imperio de empresas y propiedades, pero en la década de 1950 era un mero fabricante de flores de plástico. Ha contado en varias ocasiones cómo le ayudó mucho un proveedor que aceptó ampliarle las condiciones de pago.

Todos tenemos ejemplos de personas que nos ayudaron a llegar donde estamos, ya sea orientándonos con un primer trabajo o con consejos sobre inversiones. Nunca es fácil al principio, cuando no se tiene el dinero o los conocimientos necesarios. Mostrar gratitud y hacer saber a la gente el importante papel que han desempeñado en tu vida es bueno para ti y para la persona que te ha ayudado.

> ◄ *¿Quién te ha ayudado y a quién podrías ayudar tú?* ◄

✔ *Poulo en práctica*

RECONOCE A QUIENES TE AYUDAN A DÍA DE HOY

Puede que aún no hayas conocido a la persona que te abrirá las puertas, pero, cuando lo hagas, no olvides darle las gracias y mantener el contacto. Intenta corresponder en todo lo que puedas. Uno de mis clientes clave me ha conectado con muchos negocios a lo largo de los años y he podido corresponderle de formas muy diversas, como dando consejos a sus hijos sobre estudios y posibilidades profesionales. Sé agradecido y demuestra gratitud. Debes saber que no tienes la menor idea de cómo vuestros caminos podrían volver a cruzarse en el futuro.

MANTÉN EL CONTACTO CON LAS PERSONAS QUE TE AYUDARON EN EL PASADO

Todo lo que sube baja. Mantén el contacto, aunque solo sea a través de las redes sociales (Facebook, LinkedIn, Instagram o Twitter) o compartiendo artículos e ideas por WhatsApp y correo electrónico. Descubrirás que, al hacerlo, acabarás ayudándoles y disfrutando igualmente de su ayuda de nuevo, a veces de formas inesperadas.

41

LIMPIA
TU PASADO

«Cuida mucho de tu reputación y ella cuidará mucho de ti».

Si hay algo de tu pasado que puede estar impidiéndote alcanzar el éxito financiero, enfréntate a ello. Estos casos son más comunes de lo que imaginas:

- Mal historial crediticio. Años de impagos de tarjetas de crédito pueden volverse en tu contra y crearte problemas para solicitar préstamos e hipotecas mucho tiempo después.
- Publicaciones desacertadas en las redes sociales. No te dejes encasillar por lo que hayas publicado en el pasado, sobre todo si puede considerarse ofensivo e imprudente. Sin duda afectará a tu futuro.
- Un currículum exagerado. Asegúrate de que los datos que incluyes son los correctos. La inexactitud sobre los niveles salariales anteriores, los cargos ocupados o las fechas de desempeño de determinadas funciones se acaba descubriendo y planteará dudas sobre tu credibilidad.

Hay cosas que no puedes cambiar —si has tenido problemas con la justicia, realmente no hay mucho que puedas hacer—, pero asegúrate de que estás al tanto de todo lo que está bajo tu control y de que presentas una versión coherente contigo mismo al mundo.

Un pasado turbio siempre acaba saliendo a la luz.

✓ *Ponlo en práctica*

LIMPIA TU HISTORIAL CREDITICIO PARA OBTENER PRÉSTAMOS EN MEJORES CONDICIONES

Si no tienes historial crediticio, conseguir una hipoteca puede ser difícil; y, si lo logras, puede que tengas que pagar altos intereses. Para empezar a tener un historial crediticio, utiliza una tarjeta de crédito y asegúrate de pagarlo todo a fin de mes. En algunos países es posible incluir el alquiler de la vivienda en tu historial crediticio.

LIMPIA TU HISTORIAL EN LÍNEA

No dejes que tu paso por internet se vuelva en tu contra. Revisa todas tus publicaciones anteriores en las redes sociales, incluido todo tu historial de Facebook, hasta los *likes* de publicaciones que, al releerlas, podrían avergonzarte. Plantéate hacer privadas tus publicaciones pasadas y desactivar algunas de tus cuentas en las redes sociales.

SÉ SINCERO EN TU CURRÍCULUM

Si has exagerado tus cargos y responsabilidades en el pasado u ocultado periodos de desempleo en el currículum, cámbialo para que refleje la verdad. Si no terminaste la carrera o un curso que empezaste, di la verdad. Ya tienes edad para hacerlo.

ABORDA CUESTIONES JURÍDICAS

Si tienes asuntos legales por resolver, hazlo. Esto es más fácil de decir que de hacer, por supuesto, pero, si hay algo que esté en tus manos, ponte a ello.

42

HAZ DEL FRACASO
TU MEJOR AMIGO

*«El éxito siempre te está esperando,
más allá del horizonte de los fracasos».*

Cada año, cientos de personas se lanzan a la conquista del Everest sabiendo que pueden regresar sin haber pisado la cumbre. Según la Himalayan Database, en diciembre de 2017, solo 4833 montañeros habían alcanzado la cima. En 2017 fracasó el 39 % y 288 personas han muerto en la montaña entre 1922 y 2017. ¿Detiene esto a la gente que lo intenta?

Hacerse rico puede ser tan difícil como escalar el Everest. El camino hacia la acumulación de activos y rendimientos financieros está plagado de peligros y de la posibilidad real de fracasar: caen los precios de la vivienda, las empresas entran en liquidación y los fondos de inversión pierden valor.

Ejemplos de fracaso los hay en todas partes, pero, al igual que el escalador comprometido, mantente centrado en tu objetivo. Aprende lo que puedas de él y sigue adelante.

Muchos alpinistas que no conquistaron el Everest a la primera vuelven al campamento base para intentarlo de nuevo y muchos que fracasaron en su primer intento consiguen finalmente el premio final porque se negaron a tirar la toalla.

✔ *Ponlo en práctica*

ASUME TUS MIEDOS

El miedo es humano. Se remonta a nuestra época en las cavernas, cuando la muerte estaba siempre presente y afinábamos nuestro instinto de «huida o lucha». Todas las personas de éxito tienen miedos que contrarrestan con mucho coraje y determinación.

Debes plantearte tres preguntas relacionadas entre sí para ayudarte a evaluar cómo proceder con una inversión financiera:

1. **«¿Qué temes perder?»**. Sé objetivo y sincero. No importa si tus miedos parecen poca cosa. No te avergüences si crees que son triviales.

2. **«¿Qué perderías?»**. Si no sigues adelante con una inversión u oportunidad financiera, ¿qué ventajas y rendimientos perderás? ¿Qué importancia tienen esos ingresos para ti?

3. **«¿Qué es lo peor que puede pasar?»**. Si persigues una inversión financiera y tus peores temores se hacen realidad, ¿cuál es el impacto real sobre tu saldo bancario, el conjunto de tu patrimonio y el camino a tus sueños?

REDUCE EL RIESGO DE FALLOS CATASTRÓFICOS

Superar el miedo al fracaso no significa ignorar los riesgos. Nunca debería darse un escenario en el que puedas perderlo todo. Hay muchas formas de evitar algo así, como aprender a gestionar los riesgos, comprender los peligros de poner todo el patrimonio en la misma cesta y asesorarte para proteger tus inversiones.

43

CREA TU PROPIA SUERTE

«La suerte es un plato sencillo, compuesto de ingredientes muy simples: planificación, determinación y trabajo duro».

Las personas ricas suelen tener suerte. Pero siguen un patrón que va más allá de ganar una lotería. Suelen exponerse constantemente a posibles golpes de suerte o se encuentran en el lugar adecuado en el momento oportuno, como el inversor que consigue entrar en una empresa tecnológica desde el primer momento o el operador de bolsa que vende sus acciones justo antes de que se desplomen.

Richard Wiseman es un profesor de psicología que ha estudiado la suerte y ha descubierto que la de cada uno está relacionada con el esfuerzo que se dedica a detectar y aprovechar las oportunidades. Eso es exactamente lo que hacen las personas ricas. Se exponen a situaciones en las que es más probable que tengan un golpe de suerte. Crean oportunidades y están dispuestas a aprovecharlas.

 Tener suerte es cuestión de trabajo duro, iniciativa, intuición e inteligencia.

✓ *Ponlo en práctica*

MÁS INFORMACIÓN

¿Qué oportunidades necesitas crear para atraer los golpes de suerte? Tuve la «suerte» de que Marshall Goldsmith, renombrado *coach* empresarial y autor, escribiera el prólogo de mi último libro. Eso ocurrió porque lo busqué y dediqué tiempo a conocerlo. ¿A quién deberías conocer y a qué eventos has de asistir para crear esas oportunidades?

Nada es demasiado descabellado cuando se trata de buscar la suerte. Basta con pensar de forma innovadora para crear las oportunidades. Hace quince años, cuando vivía en Hong Kong, estaba desesperado por reunirme con David Beckham y sus compañeros del Real Madrid, que estaban de visita. Probé suerte poniéndome en contacto con la Asociación de Fútbol de Hong Kong y ofreciéndome como intérprete gratuito para el equipo visitante. Aceptaron y, gracias a ello, pude socializar con David y otras estrellas del fútbol. No fue en absoluto una cuestión de azar, aparte del hecho de haber aprendido español mientras trabajaba en Sudamérica.

SÉ OPTIMISTA Y CRÉETELO

Empieza a decirte a ti mismo que te mereces la buena suerte. Tienes que creértelo. Puede parecer una locura, pero los estudios lo corroboran. ¿Cuántas personas negativas conoces cuya vida está llena de suerte y momentos fortuitos? La conclusión del estudio de Richard Wiseman, que se prolongó durante diez años, indicaba que la suerte es, de algún modo, una profecía autocumplida y que gran parte de tu buena o mala fortuna es el resultado de tu forma de pensar.

NO LE QUITES EL OJO A TU BALANCE

«Siempre me sorprende conocer a gente que no tiene ni idea de lo que posee».

Imagina que tú, persona física, te conviertes en una persona jurídica: pasas a ser una empresa. ¿Qué implicaría esto? Una de las tareas más importantes sería hacer un seguimiento de tu propio rendimiento, manteniendo registros y elaborando estados financieros. Una empresa suele elaborar tres: una cuenta de pérdidas y ganancias, un estado de tesorería y un balance. Las ventas, los gastos y los beneficios se registran en la cuenta de pérdidas y ganancias. Muestra la rentabilidad de tus actividades empresariales. El estado de flujos de tesorería registra las entradas y salidas de efectivo. Ambos son importantes, pero aún lo es más conocer los detalles del balance.

El balance incluye todos los bienes que posee la empresa (denominados activos) y todos lo que se deben a otros (denominados pasivos). Sumados, dan un valor del patrimonio neto de la empresa o el valor de la empresa en ese momento. He aquí un ejemplo sencillo de una empresa con un patrimonio neto de 100 000 euros.

Inmovilizado	€ (miles)	Pasivo fijo	€ (miles)
Propiedades	150	Préstamos inmobiliarios	120
Máquinas	200	(hipotecarios)	
Vehículos	50	Otros préstamos a largo plazo	180
Equipos informáticos	40		
Total inmovilizado	**440**	**Total pasivo fijo**	**300**
Activo corriente	€ (miles)	Pasivo corriente	€ (miles)
Caja	10	Impuestos (adeudados)	10
Clientes (facturas impagadas)	20	Proveedores (facturas impagadas)	60
Total activo corriente	**30**	**Total pasivo corriente**	**70**
Activo total (fijo + corriente)	**470**	**Total pasivo (fijo + corriente)**	**370**
Patrimonio neto total (también llamado activo neto total) = activo total – pasivo total: **470 – 370**			**100**

Nota: Los activos y pasivos «fijos» son de naturaleza permanente o a largo plazo. «Corriente» se refiere a las cosas por cobrar o a pagar a corto plazo.

✓ *Ponlo en práctica*

CONTROLA TU PATRIMONIO NETO

Toma hoy una instantánea de tu patrimonio total, teniendo en cuenta lo que posees (tus activos) y las cantidades que debes a otros (tus pasivos). Intenta calcularlo creando tu propio balance personal. Puedes hacer una hoja de cálculo, como en Excel, o utilizar otra de las muchas herramientas y aplicaciones que encontrarás en línea. Una vez creado, puedes actualizarlo fácilmente.

Tus activos son aquellas cosas que te suponen un valor financiero. Debes registrar los valores de tu mercado de activos, como tu casa, tu coche y tus inversiones. Tus pasivos serán tus impuestos o hipoteca bancaria, por ejemplo.

Puede que te cueste recordar todos tus activos y pasivos, así que aquí tienes una lista de los más comunes:

Tus posibles activos	Tus posibles pasivos
• Casa, terreno y otras propiedades	• Préstamo hipotecario
• Coche, moto, barco	• Préstamo de estudios
• Equipos informáticos	• Préstamo para el coche
• Muebles, herramientas	• Préstamo de familiares o amigos
• Productos financieros (acciones, obligaciones, fondos de inversión, etc.)	• Saldo bancario negativo
	• Adelantos salariales
• Saldo bancario	• Impuestos adeudados
• Plan de pensiones	• Importes adeudados a terceros, como la factura de una tarjeta de crédito
• Valor de tu empresa	

FÍJATE UN OBJETIVO PARA TU FUTURO PATRIMONIO NETO

Una vez que conozcas el valor actual de tu patrimonio neto, fíjate un objetivo de cuánto quieres aumentarlo y para cuándo. Perfílalo teniendo presentes los objetivos financieros más amplios que trazaste en el capítulo 3.

45

MANTÉN INTACTA TU INTEGRIDAD

«El éxito construido sobre arenas movedizas no vale nada».

A finales de 2018, el jefe de Nissan, Renault y Mitsubishi —las tres compañías estaban en manos de una sola persona— fue despedido. Como uno de los líderes empresariales más importantes del mundo, Carlos Ghosn había tenido un éxito increíble en su puesto, ganando millones durante la última década, mientras dirigía su grupo de fabricación de automóviles por una senda de éxito. Su caída en desgracia fue inesperada y se basó en acusaciones de fraude fiscal. Es un ejemplo de las muchas personas cuyo éxito se ha construido sobre arenas movedizas.

Es muy fácil y tentador tomar atajos en la búsqueda de riqueza financiera. Hay muchas formas de hacerlo:

- Falsificar cifras de ventas, devengos financieros y otros números para asegurarse la bonificación de fin de año, conseguir un aumento de sueldo o un ascenso laboral.
- Vender un coche y dar a entender que funciona bien cuando no es así o vender una casa sin revelar los planes de construcción en los terrenos de al lado, con el fin de conseguir rápidamente el precio más alto posible.
- Mentir sobre una cualificación para conseguir un puesto mejor remunerado.
- Mentir a bancos, inversores, clientes, proveedores o incluso familiares para obtener un préstamo, vender productos dudosos o retrasar el pago de algo.

Mantén siempre intacta tu integridad. No tomes atajos.

Recuerda que todo lo que tienes es tu reputación.

✔ Ponlo en práctica

MANTÉN LOS OJOS BIEN ABIERTOS

Sé observador y cuidadoso y no te dejes atrapar por ninguna forma de engaño. Presta siempre atención a posibles faltas de integridad y ética. Esto puede adoptar muchas formas, desde que alguien te ofrezca increíbles consejos de inversión de los que sospechas un posible tráfico de información privilegiada hasta que tu jefe te anime a falsear las cifras de ventas a final de año.

Cuando te enfrentes a situaciones de este tipo, recházalas y aléjate. Llegado el caso, denúncialas a las autoridades competentes.

GUÍA A LOS DEMÁS

Ayuda a mantener la honradez de los demás animándolos a actuar con integridad.

46

SI NO ESTÁ ROTO, DÉJALO COMO ESTÁ

«Cada vez que intento arreglar algo que funciona bien, deja de funcionar».

Dos expertos en conducta y finanzas, Brad Barber y Terrance Odean, estudiaron los resultados de miles de operadores de bolsa estadounidenses que operaban a diario y descubrieron que los que más trabajaban eran los que menos ganaban. De hecho, los más activos lo hacían al menos un 7 % peor que los menos activos.

Hay ocasiones en las que la tentación de trastear con algo puede ser fuerte, en las que el afán por curiosear o reorganizar es realmente tentador. El peligro es que, si aplicamos esa tendencia a nuestras finanzas, podemos perder rentabilidad. Si siguieras todos los consejos financieros y actuaras en consecuencia, por miedo a perder la siguiente oportunidad financiera, te arruinarías en muy poco tiempo.

Desarrollar la paciencia y una visión a largo plazo es la mejor garantía de éxito para no sentirte obligado a lanzarte ante cada «gran oferta».

A veces es mejor dejar las cosas como están.

✔ *Ponlo en práctica*

SÉ ESTRUCTURADO Y SISTEMÁTICO

Estás invirtiendo a largo plazo, así que recuerda que, en muchos casos, lo mejor es actuar con calma. No olvides que más actividad en torno a tu dinero no significa necesariamente más dinero.

Si dispones de un exceso de liquidez, mucha actividad habitual puede darte buenos resultados, pero, si no dispones de tanto dinero, es aconsejable adoptar un enfoque diferente.

- Analiza hasta qué punto te sientes cómodo con tus inversiones actuales. Has de comprender los riesgos y la rentabilidad de cada una de ellas y reconocer las razones por las que las mantienes.

- Decide qué inversiones quieres conservar y cuáles podrías liquidar a fin de disponer de dinero para nuevas y mejores oportunidades.

- Cuando sepas de nuevas oportunidades, decide si te interesan. Si es así, haz los deberes e investiga las ventajas y los inconvenientes.

- Si te parece una buena opción, canjea alguna de tus inversiones de menor rentabilidad o menos importantes o utiliza el efectivo que ya tienes.

A VECES HAY QUE ARREGLAR LO QUE NO ESTÁ ROTO

Si prevés problemas en el futuro en torno a una inversión concreta, cambiar ciertos aspectos tiene sentido desde el punto de vista empresarial. Por ejemplo, el mercado inmobiliario puede ser estable ahora, pero, si crees que los precios están a punto de caer, puede que sea conveniente vender.

LOS COCHES DE SEGUNDA MANO SON UNA BUENA OPCIÓN

«Valor: un año sí y al siguiente ya no».

Algunos activos pierden su valor muy rápidamente, a menudo de una forma tan uniforme que puede predecirse con facilidad. Los coches, por ejemplo, siguen un patrón muy predecible de disminución del valor de reventa y lo mismo ocurre con los teléfonos, frigoríficos, lavavajillas, lavadoras...

	Coche	Frigorífico
Precio de compra	20 000 €	400 €
Precio al final del primer año	16 000 €	260 €
Precio al final del segundo año	12 000 €	120 €
Precio al final del tercer año	8000 €	60 €
Precio al final del cuarto año	4000 €	0 €

Por supuesto, los valores del recuadro anterior varían un poco según la marca y el país, pero el patrón subyacente es el mismo: caídas bruscas y predecibles del valor de reventa. Los contables lo llaman depreciación o amortización. La caída del valor refleja el desgaste y los coches y electrodomésticos se denominan «activos de alta depreciación» porque están sujetos a un gran desgaste.

No hace falta ser un genio para darse cuenta de que no son el tipo de cosas en las que se debe invertir o gastar mucho dinero si se quiere mantener o aumentar el patrimonio.

✔ *Ponlo en práctica*

··

¿POR QUÉ PAGAR MÁS?

Si quieres algo que sabes que perderá valor en poco tiempo, ¿por qué lo vas a comprar nuevo? De acuerdo, a veces todos queremos lo más actual, pero parece absurdo seguir este planteamiento con todo.

INVIERTE EN ACTIVOS DE BAJA AMORTIZACIÓN

A la hora de invertir el capital, evita todo lo que pueda perder valor. Todas las inversiones suben y bajan de valor, por muchas razones, pero es imprudente invertir en activos que perderán valor sí o sí.

Si lo tuyo son los coches o los discos de vinilo, compra coches antiguos raros o discos viejos en perfecto estado. Mantienen su valor e incluso pueden aumentar con el tiempo.

4 8

MANTENTE ERGUIDO Y SONRÍE

«Que no hables no significa que no te comuniques».

El lenguaje corporal puede ser una herramienta poderosa para ayudarte a alcanzar el éxito financiero. Una investigación de Amy Cuddy, de la Universidad de Harvard, publicada en *Psychological Science* en 2018, concluyó que las personas que adoptan una postura que inspira confianza o poder se sienten y actúan con más seguridad que las que no lo hacen. Básicamente, adoptar la posición de Superman —erguido, con los brazos en las caderas o alejados del cuerpo— aumenta la sensación de poder que ofreces.

En un estudio anterior publicado también en *Psychological Science*, dos psicólogos de la Universidad de California en Berkeley, Michael Kraus y Dacher Keltner, descubrieron que el lenguaje corporal revela el estatus socioeconómico de una persona. Este estatus viene determinado por factores como la riqueza, la carrera profesional y las escuelas a las que se asiste.

Utiliza el lenguaje corporal en tu beneficio, tanto por lo que puede hacerte sentir como por los mensajes que envías a los demás. Mantente erguido, habla con claridad, sonríe. Sobre todo, no dejes que tu lenguaje corporal te contradiga. Los neurocientíficos de la Universidad Colgate de Nueva York han descubierto que, cuando los signos no verbales no coinciden con lo que se dice, el mensaje verbal se pierde. En otras palabras, la gente no oye lo que intentas comunicar.

Actúa como Superman y podrás ser Superman.

✔ *Ponlo en práctica*

CREA UNA GRAN PRIMERA IMPRESIÓN

Una investigación realizada por Janine Willis y Alexander Todorov puso de manifiesto que las opiniones formadas en tan solo una décima de segundo guardan una gran relación con las opiniones que se forman con mucho más tiempo. En otras palabras, en un abrir y cerrar de ojos somos capaces de decidir lo digna de confianza, seria, ambiciosa, segura o dura que es otra persona.

No importa a quién tengas que impresionar: los primeros segundos son clave. Aquellos con quienes tratas —inversores, banqueros, empleados, clientes— se formarán una impresión de ti casi de inmediato. Así que:

- Piensa bien en tu ropa, zapatos, peinado y maquillaje.

- Mantén siempre el contacto visual y da apretones de manos firmes. Un estudio de la Universidad de Iowa relacionado con las entrevistas de trabajo reveló que los apretones de manos fuertes siempre se perciben más favorablemente que los que no lo son.

- No te encorves ni te muevas de manera constante. Careerbuilder.com encuestó a 2500 directores de recursos humanos y un tercio de ellos afirmó que el nerviosismo de un candidato hace que tenga menos probabilidades de ser contratado.

INTERPRETA EL LENGUAJE CORPORAL DE LOS DEMÁS

Cuando negocies con banqueros, socios comerciales o inversores, asegúrate de observarlos bien. Fíjate tanto en lo que no dicen como en lo que dicen. Si no sabes interpretar su lenguaje corporal, corres el riesgo de perderte la mitad de la conversación.

EVITA QUEDARTE BLOQUEADO

«La riqueza no es la cantidad de dinero que tienes.
Se trata de la cantidad de opciones que tienes a tu disposición».

Para que tu dinero crezca, normalmente has de pagar el precio de no tener acceso instantáneo o gratuito a él. Esa es la diferencia entre las inversiones líquidas de las que no lo son.

- La inversión más líquida posible es una cuenta corriente bancaria, que tiene un tipo de interés insignificante.

- Cuando se invierte en propiedades, solo se puede recuperar el dinero mediante la venta, lo que lleva tiempo. Si necesitas el dinero con urgencia, una venta rápida puede significar vender a un precio bajo. Por supuesto, puedes obtener dinero en efectivo rehipotecando o alquilando la propiedad.

- Puedes retirar el dinero de los depósitos a plazo fijo, pero es posible que te cobren una comisión o, lo que es peor, que pierdas todos los intereses devengados durante la vida del depósito.

- Sacar dinero de fondos de inversión u otros productos de inversión puede acarrear fuertes penalizaciones si no se respeta el plazo de preaviso acordado.

- Algunas inversiones te dejan con las manos atadas durante años. Una renta vitalicia es un plan de ahorro ilíquido que suele venderse junto con una póliza de seguro de vida.

Estar bloqueado en una inversión solo se convierte en un problema cuando, o bien necesitas desesperadamente el dinero, o bien la inversión está perdiendo valor y quieres cortar por lo sano.

Lee siempre la letra pequeña.

✓ *Ponlo en práctica*

SIEMPRE DEBES SABER EN QUÉ TE ESTÁS METIENDO

Evita quedarte atrapado en una inversión y no poder mover el dinero cuando lo necesites. Antes de firmar nada, lee y relee la letra pequeña.

Cuando crees tu balance personal, añade una sección en la que, para cada uno de tus activos financieros e inversiones, añadas un breve resumen con lo siguiente:

- La facilidad con que puede liquidarse cada fondo, depósito bancario u otra inversión para recibir los fondos. Ten en cuenta los plazos de preaviso, cómo debe notificarse y a quién.

- Las penalizaciones y comisiones derivadas del reembolso o la recuperación anticipada del dinero.

Ya estás listo para el día en que necesites urgentemente los activos e inversiones.

GUARDA ALGO DE DINERO

Si gran parte de tu patrimonio consiste en inversiones de diverso tipo, pero no son líquidas, asegúrate de mantener una cantidad suficiente en efectivo, no debajo de la cama, sino en cuentas bancarias. Vuelve a consultar el capítulo 19 para ver qué cantidad de fondos fácilmente disponibles decides mantener.

A VECES CONVIENE BLOQUEAR UNA PARTE

Puedes optar por dedicar algo de dinero a una inversión a largo plazo del que no puedas disponer fácilmente para asegurarte de que no lo gastas con demasiada facilidad.

5 0

LOS INGRESOS PASIVOS DAN LIBERTAD

«Es genial poder ganar dinero mientras duermes».

Supongamos por un momento que ya no puedes trabajar. ¿De dónde vendrían tus ingresos? ¿Puedes imaginar cómo sobrevivirías económicamente? Los ricos no tienen esta preocupación. Cuando dejan de trabajar, sus ingresos siguen fluyendo. No les preocupa faltar al trabajo y que no les paguen. El secreto son los ingresos pasivos.

Los ingresos pasivos suelen ser regulares, pero pueden no serlo. También pueden variar en volumen y periodicidad. Se trata de cualquier cosa con la que puedas ganar dinero mediante un esfuerzo mínimo o nulo:

- Si renuevas una casa que has comprado o heredado y una empresa de gestión inmobiliaria te la pone en alquiler y gestiona los asuntos cotidianos con los inquilinos. No tienes más que sentarte y recibir los ingresos del alquiler.

- Si inviertes en un fondo de inversión conocido y reputado, recibes simplemente actualizaciones trimestrales junto con un beneficio anual (rentabilidad), que puedes dejar en la cuenta para reinvertirlo o no, de manera similar al interés compuesto de una cuenta de depósito.

- Si diriges una empresa que presta servicios a los clientes a través de un modelo de suscripción. Por ejemplo, los clientes pagan una cuota anual por ser miembros de un centro de *fitness* en el que eres un accionista que no participa de manera activa en el negocio, sino que te limitas a recibir pagos anuales de dividendos.

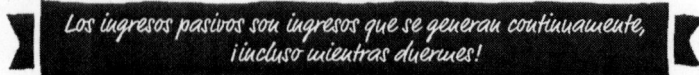

Los ingresos pasivos son ingresos que se generan continuamente, ¡incluso mientras duermes!

✔ *Ponlo en práctica*

TEN UN PLAN DE INGRESOS PASIVOS

¿Qué debes hacer para crear los flujos de ingresos pasivos que te ayuden a alcanzar tus objetivos vitales y financieros sin tener que pasarte toda la vida gestionándolos?

Empieza por lo que más te interese y esté a tu alcance. Podrías:

- Convertirte en propietario de una vivienda para ponerla en alquiler a través de Airbnb.

- Invertir en acciones de empresas que funcionen muy bien y disfrutar de dividendos constantes.

- Dejar los fondos en manos de un corredor de bolsa o gestor de fondos, permitiéndole mover tu dinero para maximizar los rendimientos y el crecimiento del capital.

- Invertir en algunas empresas de nueva creación o pymes sin necesidad de participar en la gestión de los negocios. Puede que los ingresos pasivos no estén asegurados, pero, si llegaran, podrían ser cuantiosos.

TRABAJA SOLO UN PAR DE HORAS A LA SEMANA

Una vez que hayas determinado cómo vas a crear flujos de ingresos pasivos, tienes que gestionar el tiempo y determinar cuántas horas quieres dedicarles tú y cuánto dejar en manos de un agente de bolsa, contable o gestor de fondos. Existen herramientas de seguimiento en línea, sitios de inversión y aplicaciones que puedes utilizar para reducir y agilizar tu carga de trabajo.

NO TE GASTES EL CAPITAL

El capital es la fuente de tus ingresos pasivos. Trata de protegerlo. Puede que te cueste hacerlo crecer, pero asegúrate de no dejar que pierda valor, ya sea adquiriendo cosas que no generen ingresos o no atendiendo adecuadamente aquello que pierde valor.

5 1

SÉ UN EXPERTO APASIONADO

«Haz lo que te gusta. Hazlo tan bien que los demás te acaben admirando».

S i quieres ser rico, hazte experto. La experiencia te permite maximizar lo que puedes ganar en cualquier situación, tanto si trabajas por cuenta ajena como si eres autónomo o inversor a tiempo completo. Los empleados expertos son más valiosos, están más solicitados y mejor pagados; los propietarios de empresas más competentes dirigen mejor sus negocios; quienes se dedican al *trading* intradiario y los promotores inmobiliarios experimentados obtienen mayores beneficios.

Alcanzar un alto nivel de experiencia requiere de una gran dosis de práctica. Hay que esforzarse en leer, aprender, escuchar y hacer. Aunque a cada uno le lleva un tiempo diferente, no siempre se necesitan diez mil horas, como muchos sugieren.

Convertirse en un experto es como un viaje y, del mismo modo que según viajas debes saber dónde estás, cuando adquieres experiencia necesitas saber en qué nivel te encuentras en cada momento y ser realista sobre tu progreso, tanto contigo mismo como con los demás.

 Pretender saberlo todo cuando hay dinero de por medio es una forma segura de perderlo.

✔ Ponlo en práctica

¿CUÁL ES TU ESPECIALIDAD?

Bill Gates era un experto en los primeros sistemas operativos para PC y ahora es un entendido en filantropía y en resolver problemas sanitarios de escala mundial. J. K. Rowling es experta en escribir ficción. ¿En qué te manejas —o manejarás— especialmente bien? Piensa en tus habilidades técnicas, pero no olvides tus habilidades interpersonales, las comunicativas.

EN TUS PRIMEROS AÑOS DE VIDA ADULTA, GANA EXPERIENCIA SOBRE EL DINERO

En la veintena es importante empezar a acumular experiencia, conocimientos y comprensión sobre el dinero, ya que en esa etapa sientas los cimientos de tu pericia futura y la base para que crees valor y riqueza.

DISFRUTA CONVIRTIÉNDOTE EN UN EXPERTO

La experiencia se adquiere con tiempo y práctica. Es difícil dedicar tiempo a algo que no te apasiona, pero se puede hacer. Hay muchos socios de bufetes de abogados y despachos de contabilidad a los que no les gusta el derecho ni la contabilidad.

TEN CUIDADO CON LAS ÁREAS EN LAS QUE NO ERES TAN COMPETENTE

Si te mueves en áreas en las que no eres un experto, seguramente no obtendrás buenos resultados. Puede que ganes menos que otros en tu campo u organización, que obtengas un menor rendimiento de tus inversiones, que tus propiedades te renten menos o que tengas dificultades para hacer despegar tu negocio.

Y, si todo lo demás falla, siempre les puedes pagar a otros por su experiencia.

52

NO SIGAS
AL REBAÑO

«No sigas a la multitud si la multitud está desamparada».

Es difícil no seguir las tendencias. A los humanos nos gusta lo que los psicólogos denominan prueba social. Es más probable que hagamos algo si otros ya lo han hecho. El psicólogo de la Universidad de Pensilvania Jonah Berger descubrió en sus experimentos que los participantes tenían al menos un 10% más de probabilidades de comprar algo si sabían que otros ya lo habían comprado, en comparación con una situación similar, pero en la que no se les informaba de las preferencias de otras personas.

Hay que tener en cuenta una cosa cuando se trata de dinero: si la inmensa mayoría de la gente hace algo, puede merecer la pena hacer lo contrario. Piensa que la inmensa mayoría de la gente no tiene éxito económico, pero tú sí lo tendrás.

En última instancia, si quieres ser un inversor inteligente y crear riqueza, tendrás que decidir por ti mismo.

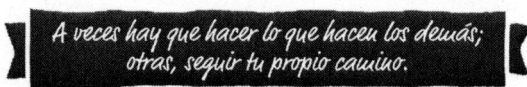

A veces hay que hacer lo que hacen los demás; otras, seguir tu propio camino.

✓ *Ponlo en práctica*

SÉ CRÍTICO CON LO QUE OYES Y VES

Hay gente muy convincente y es difícil no dejarse llevar por ideas y opiniones rotundas en apariencia: «¿No tienes oro en tu cartera, en este mercado?», «¿Quieres decir que has comprado una propiedad en la ciudad? ¡Con el mercado a la baja...!», «¿Sigues teniendo acciones de XXX? Yo vendí las mías el mes pasado y ahora duermo tranquilo sabiendo que la empresa se hundirá».

Escucha y procesa cualquier consejo que te den, pero también presta atención a tus propios razonamientos, tus propios planes financieros y tu tolerancia al riesgo.

OPONERSE O NO OPONERSE

A veces hay que seguir al rebaño, en otras ocasiones hay que resistirse a la tendencia. Lo difícil es saber cuándo hacer una u otra cosa. ¿Qué harías en estos casos?

- Una empresa de la que eres accionista quiebra y su cotización cae. Todo el mundo empieza a vender sus acciones. ¿Sigues al rebaño o no?

- Una empresa conocida de Fortune 500 a la que le ha estado yendo genial y de la que posees acciones presenta unos resultados anuales muy pobres. El precio de sus acciones cae porque muchos inversores venden tras la publicación del informe. ¿Sigues al rebaño o no?

En ambos casos, debes estudiar los hechos, asesorarte y tomar una decisión que te convenga. En el primer ejemplo, sería razonable decidir que es poco probable que el precio de las acciones se recupere pronto y, por tanto, no tiene sentido conservarlas. Así que seguir al rebaño es la opción más sensata. Por otro lado, en el segundo ejemplo, puede que decidas, a partir de tu análisis, que el precio de las acciones y el rendimiento de la empresa volverán a su tendencia habitual a largo plazo, a pesar de la caída actual. En ese caso, no seguir al rebaño sería la decisión correcta: mantener las acciones e incluso comprar más para aprovechar el buen precio.

Adquirir la sabiduría necesaria para saber cómo actuar implica una combinación de aprendizaje, ensayo y error, y, quizá lo más importante, seguir los mejores consejos posibles.

53

LOS BUENOS CONSEJOS TIENEN UN PRECIO

....

«Si crees que contratar a un experto es caro,
prueba a tener que pagar el desaguisado de un inexperto».

Si te rompes una pierna, ¿te quedas en la cama buscando remedios caseros en Google o vas al médico? Leer páginas web médicas es sin duda la opción más fácil, pero ¿hasta qué punto es eficaz? Lo mismo ocurre con el asesoramiento financiero. Si se trata de un asunto sencillo, basta con buscar en Google: «¿Qué banco tiene el mejor interés en una cuenta de ahorro?», «¿Qué webs para comprar y vender acciones son las más populares?» o «¿Cuánto puedo sacar de un alquiler en la zona donde vivo?».

Cuando te enfrentas a problemas monetarios de mayor envergadura, necesitas un asesoramiento más profesional y preciso. ¿Y si necesitas...

• comprender las implicaciones fiscales de distintas opciones de inversión?

• evaluar tu tolerancia al riesgo?

• conocer el abanico de opciones financieras que tienes a tu disposición?

• explorar las ventajas e inconvenientes de retirar dinero anticipadamente de tu plan de pensiones?

• hacer la declaración de la renta o afrontar las cuentas financieras de tu empresa?

• decidir cómo mantener tu patrimonio: a tu nombre, en una empresa o mediante un fideicomiso?

No existe un equivalente a un servicio sanitario integral y gratuito en el mundo de la creación de riqueza. Solo hay que estar dispuesto a pagar por la ayuda. En el pasado no era así, pero hoy en día los Gobiernos hacen un buen trabajo regulando el asesoramiento financiero, a través de organismos de acreditación y normas varias.

¿Estás dispuesto a pagar por un buen asesoramiento?

✔ Ponlo en práctica

EMPIEZA DESDE YA

Pagar por recibir asesoramiento es dinero bien invertido, sobre todo si hasta la fecha has ido acumulando un patrimonio sin ningún profesional que te guiase.

- Revisa tu situación financiera con un asesor de tu banco.
- Infórmate sobre otras vías de asesoramiento. En Internet hallarás mucha información, asegúrate de que sea fiable y de confianza.
- Revisa las opciones para optimizar la financiación de tu vivienda con un asesor hipotecario.
- Pídele a un contable que te ayude a hacer la declaración de Hacienda.

PASA A MAYORES

A medida que vayas acumulando patrimonio, considera la posibilidad de obtener asesoramiento de calidad sobre:

- Apertura de una cuenta bancaria *offshore*.
- Traspaso del patrimonio a un fideicomiso para minimizar legalmente las obligaciones fiscales y facilitar la herencia.
- Asesoramiento profesional de manera regular sobre mercados financieros de un banco privado o una sociedad de valores.

Acércate y habla con la gente. Hoy en día, algunos bancos privados y agencias de valores pueden considerarte poca cosa para aceptarte como cliente si tienen umbrales mínimos de inversión, pero, si insistes, encontrarás muy buenos consejos y ayuda.

CREA UN *FAMILY OFFICE*

Un *family office* es un equipo especializado y profesional contratado para gestionar un patrimonio. Puede que aún no sea el momento, pero, en cuanto hayas acumulado suficiente patrimonio y puedas justificar el gasto, crea uno. A finales de 2018, *The Economist* informó en un artículo titulado «How the super-rich invest» («Cómo invierten los superricos») que «en gran parte desapercibidos, los *family offices* se han convertido en actores principales de la inversión, con hasta 4 billones de dólares en activos, más que los fondos de cobertura y el equivalente al 6% del valor de los mercados de valores del mundo».

54

PARA TODO
HAY UN MOMENTO
Y UN LUGAR

«Es esencial comprender en qué momento de la vida te encuentras
y planificar y actuar adecuadamente desde el punto de vista financiero».

Estas son las seis etapas por las que se suele pasar en la vida (no dudes en adaptar-las a tu situación):

1. Dependes de tu familia para que te mantenga mientras acudes a la escuela, el colegio o la universidad.

2. Empiezas en tu primer trabajo, llegas a fin de mes, pero te cuesta ahorrar.

3. Empiezas a crear riqueza con tu primera propiedad y compartir tu vida con una pareja.

4. Tienes hijos, inviertes en su educación mientras tu carrera y tu patrimonio van creciendo.

5. El nido se vacía, disfrutas de los últimos años de tu vida laboral y recibes herencias inesperadas cuando fallecen tus padres.

6. Te jubilas, cuidas de tu salud y vives de tu pensión y de los ingresos de tus inversiones.

¿En qué fase te encuentras? Es importante saber dónde estás hoy para poder comprender tu situación financiera actual y tener en cuenta las fases posteriores que están por llegar. Si estás en la veintena o la treintena, puede ser muy difícil imaginarte en las fases del nido vacío o jubilación, pero llegarás a ellas.

Durante cada una de estas fases, las entradas y salidas de dinero y tu patrimonio neto variarán considerablemente. Es importante ser consciente de ello y tenerlo en cuenta a la hora de planificar, actuar y fijar objetivos financieros.

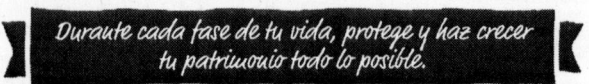

Durante cada fase de tu vida, protege y haz crecer tu patrimonio todo lo posible.

✓ *Ponlo en práctica*

MAXIMIZA TU PATRIMONIO NETO EN CADA ETAPA

Aquí tienes algunos aspectos que has de tener en cuenta en las distintas etapas de la vida:

- Como estudiante, presta atención a qué cursos y centro de estudio eliges. Intenta reducir al mínimo los préstamos estudiantiles y acepta trabajos de fin de semana o en vacaciones. Busca experiencia laboral que te ayude en tu carrera profesional.

- Al empezar a trabajar tras los estudios, evita derrochar en cosas materiales o pagar de más por el alquiler. Ahorra sistemáticamente una parte de tu sueldo cada mes y conserva la «mentalidad de estudiante» de buscar siempre las mejores ofertas. Viaja y disfruta de la vida, pero hazlo sin derrochar.

- A medida que aumente tu salario, decide si amortizar los préstamos (estudios, hipoteca, coche, tarjeta de crédito, etc.). Considera la posibilidad de ahorrar más en tu plan de pensiones, además de lo que te paga la empresa.

- Decide con tu pareja si llevar las finanzas en conjunto o mantenerlas separadas. Planificad para aprovechar las posibles ventajas a la hora de hacer frente a las obligaciones fiscales.

- Si tienes hijos, ábreles cuentas de ahorro y pide cualquier prestación pública. Educa a tus hijos sobre el dinero, el ahorro y las finanzas en general.

- Una vez que el nido se vacíe, tendrás que tomar ciertas decisiones. Por ejemplo, si mantener o no la casa familiar o reducir su tamaño y utilizar el excedente de efectivo para crear más ingresos pasivos.

- Trata de pagar todos tus préstamos, incluidas las hipotecas sobre propiedades de inversión, antes de jubilarte.

DOLOR A CORTO PLAZO PARA BENEFICIOS A LARGO PLAZO

«No gastar 1 euro hoy te dará 2 euros mañana».

No acumularás riqueza en el futuro accediendo a todo tipo de facilidades hoy. Existe la idea errónea de que es mejor pedir prestado todo lo que se pueda, conseguir una hipoteca lo más cuantiosa posible y retrasar los plazos de pago tanto como sea posible.

Imaginemos que tú y tu pareja queréis comprar una casa de 500 000 euros. Tenéis 50 000 euros ahorrados para el depósito, otros 50 000 en diversas inversiones financieras y lo suficiente para pagar todo lo vinculado con la burocracia y otros gastos. Con vuestros sueldos actuales, podríais pagar una hipoteca mensual de hasta 3000 euros, pero 2000 al mes os resultaría más cómodo y no os afectaría a vuestro estilo de vida. Supongamos un tipo de interés fijo del 4 %.

¿Qué hipoteca y plan de amortización te parecen más adecuados?

Opción	Importe del préstamo	€ propios invertidos	Años de amortización	Reembolso mensual	Intereses
A	450 000 €	50 000 €	30	2148 €	323 413 €
B	400 000 €	100 000 €	30	1910 €	287 578 €
C	450 000 €	50 000 €	20	2727 €	204 459 €
D	400 000 €	100 000 €	20	2424 €	181 741 €
E	450 000 €	50 000 €	15	3329 €	149 147 €
F	400 000 €	100 000 €	15	2959 €	132 575 €

Hay que tomar decisiones importantes sobre cuánto pedir prestado, durante cuánto tiempo y hasta dónde estirar los pagos mensuales. Para ayudarte a decidir, intenta responder: dentro de 30 años, ¿agradecerás las decisiones que tomes hoy?

 Tienes que hacer sacrificios hoy en día por tu riqueza futura.

✔ *Ponlo en práctica*

DECIDE CUÁNTO DOLOR A CORTO PLAZO PUEDES SOPORTAR

Respecto al ejemplo que acabamos de ver, piensa en lo siguiente:

- ¿Hasta qué punto es importante mantener tu renta mensual disponible para poder seguir con el mismo estilo de vida? ¿Podrías renunciar a gastar tanto en la actualidad para pagar más rápidamente la hipoteca? ¿Es probable que tú o tu pareja consigáis ascensos laborales y aumentos de sueldo en los próximos dos años, con lo que las futuras cuotas mensuales serían más fáciles de pagar?

- ¿Qué rentabilidad tendrían los 50 000 euros dedicados a otras inversiones? Si utilizas esa cantidad para la compra de la casa, ¿qué rentabilidad pierdes? Si inviertes los 100 000 euros de que dispones, ¿cómo te las arreglarías en caso de que necesitaras disponer de líquido?

- Treinta años de hipoteca en lugar de 15 o 20 supone una gran diferencia en cuanto a los intereses totales pagados, además de la diferencia en los importes mensuales. Teniendo esto en cuenta, ¿te sientes mejor afrontando un periodo más corto o con los 30 años de pagos? Piensa que, dependiendo de tu edad, puede que te hayas jubilado antes de acabar de pagarlo todo.

LAS VENTAJAS DE LIQUIDAR LA HIPOTECA MÁS RÁPIDO

Es importante sopesar todas las ventajas de pagar la hipoteca en un plazo más corto:

- Antes serás el verdadero propietario del inmueble. Todo el valor de la propiedad se convierte en tu activo.

- Habrás amortizado más capital cuando decidas vender. Esta es una de las principales razones por las que no interesan las hipotecas de solo amortización de intereses. Por muy atractivas que parezcan los primeros años, el capital no se habrá reducido porque al comienzo todo el dinero se destina al pago de intereses.

- Pagar intereses cada mes te puede proporcionar una serie de ventajas fiscales.

- Si los precios de la vivienda bajan, es de esperar que tengas menos problemas que si estuvieras pagando la hipoteca más lentamente.

- Si en el futuro tuvieras problemas económicos, podrías volver a hipotecarte y solicitar una ampliación de las condiciones de pago.

56

EDUCARSE, NO ENTRETENERSE

«Los ricos tienen un televisor y muchos libros.
Los pobres tienen muchos televisores y ningún espacio para libros».

¿ Pasas las tardes viendo la televisión o leyendo? ¿Cuántos libros de no ficción, diarios y revistas lees al mes? Nunca se ha estudiado, pero estoy bastante seguro de que existe una correlación entre leer y hacerse rico. Todos los multimillonarios que he conocido destacan la importancia del aprendizaje y la lectura en su éxito.

- Li Ki-Shing ha hablado de que el conocimiento determina tu destino. Él lo sabe bien: nacido en la pobreza, se ha convertido en una de las personas más ricas del mundo.

- Bill Gates dijo que «la lectura alimenta la curiosidad por el mundo, lo que creo que me ayudó a avanzar en mi carrera y en el trabajo que hago ahora con mi fundación».

- Richard Branson aconseja: «Lee lo que otros han hecho, quédate con lo que te funciona y adáptalo a tu propia vida».

Pero, además del aprendizaje permanente informal, ¿deberías volver a seguir algún tipo de educación formal para enriquecerte? Los estudios demuestran que los titulados universitarios ganan más que los que abandonan sin graduarse. En Estados Unidos, un estudio de 2014 del Pew Research Center concluyó que «la diferencia media anual de ingresos entre los graduados de secundaria y los universitarios es de unos 17 500 dólares [anuales]».

Este salario medio adicional puede resultarte atractivo, pero varía mucho según la carrera y los ingresos adicionales no garantizan por sí solos que alcances la libertad financiera.

Quizá la última palabra la tenga el hecho de que muchos de los superricos de hoy en día abandonaron los estudios a los 16 o 18 años, mientras que otros dejaron la universidad antes de graduarse.

Cambiar de hábitos no es fácil, pero es un esfuerzo que se verá recompensado con creces.

✔ *Ponlo en práctica*

PERFECCIONA TUS HÁBITOS DE APRENDIZAJE

Puede llevar un par de años convertirlo en un hábito, pero leer y aprender durante al menos treinta minutos al día te compensará con creces a medida que asimiles nuevas ideas y aprendas nuevas técnicas. Hojea revistas y periódicos de negocios como *Cinco Días*, *elEconomista.es*, *Expansión* (España), *El Cronista* (Argentina), *El Financiero* (México), *Gestión* (Perú), etc., o internacionales como *Forbes*, *Harvard Business Review*, *Monocle*.... Lee periódicos de todo el mundo: te sorprenderán las nuevas e inesperadas perspectivas e ideas empresariales que se te puedan ocurrir a raíz de su lectura.

SIGUE TU PROPIO APRENDIZAJE INFORMAL

Tienes varios puntos de partida para construir tu aprendizaje informal:

• Leer biografías de empresarios.

• Leer las declaraciones anuales de las empresas para elegir qué acciones comprar.

• Buscar libros sobre innovación, pensamiento de diseño y creatividad; te ayudarán a hacer crecer tu negocio.

• Leer libros de crecimiento personal para mejorar tu capacidad de comunicación, tu autoestima o tus dotes de venta.

ENTRENAMIENTO MENTAL

Encuentra tiempo para leer, aprender y estudiar. Hazlo durante treinta minutos al día, de la manera que mejor te funcione: con un Kindle o un iPad, o escuchando audiolibros en tu trayecto diario al trabajo. Lee por encima o a toda velocidad. Haz lo que sea necesario para aprender durante toda la vida, desaprendiendo y reaprendiendo sin parar.

5 7

NO TE DEJES LLEVAR POR EL PESIMISMO

«Cuando alguien muere en un accidente de coche, ¿se te ocurre vender tu coche y no volver a conducir?».

Cada semana leemos todo tipo de titulares:

«Las bolsas caen y las ganancias del año se esfuman».

«El desplome del precio del petróleo sacude los mercados mundiales».

«El Reino Unido, al borde de un colapso económico por el Brexit».

«La eurozona corre el riesgo de desplomarse bajo el peso de una deuda desorbitada».

A los medios de comunicación les encantan los titulares aterradores y nada vende mejor que el miedo, la preocupación, la ansiedad y la negatividad. Pocas cosas entusiasman más a los redactores de periódicos y a los presentadores de televisión que los gráficos de la caída de los índices bursátiles, las divisas y los precios inmobiliarios. Me sorprende que no estemos todos guardando nuestra riqueza debajo de la cama o en lingotes de oro. Bueno, al fin y al cabo es una estrategia que vende.

Hay que saber lo que pasa en el mundo, pero no creer ciegamente todo lo que se oye y se ve. Es importante no reaccionar automáticamente a las noticias para intentar proteger tus inversiones. Cuando los medios de comunicación hablan del fin de los vehículos diésel, no significa que tengas que apresurarte a vender tus acciones y bonos de la industria automovilística. En su lugar, busca lo que hay detrás de los titulares.

 Ve más allá de los titulares impactantes y trata de llegar al fondo de los hechos y los fundamentos de los productos financieros y las empresas en los que inviertes.

✔ Ponlo en práctica

LOS FUNDAMENTOS

Basa tus decisiones de inversión en un análisis de los fundamentos de los activos en los que inviertes. Reflexiona sobre la solidez de un activo, su precio y sus perspectivas. Para cualquier empresa de la que estés considerando poseer acciones o bonos, pregúntate:

- ¿Hasta qué punto es estable la base de ingresos?
- ¿Cuánta competencia hay?
- ¿Suponen un problema los costes de las materias primas y los suministros?
- ¿Cuál es el margen de beneficio?
- ¿Cuál es la cartera de productos y el volumen de I+D e inversiones?
- ¿Cuál es el volumen, tipo y vencimiento de la deuda de la empresa?
- ¿Cómo es el flujo de caja de la empresa, incluida la regularidad y el volumen de los pagos de dividendos y las recompras de acciones?
- ¿Hasta qué punto el negocio de la empresa resistiría ante una recesión?

Tu capacidad para comprender los fundamentos de una empresa aumenta considerablemente si aprendes sobre estados y ratios financieros (véase más adelante).

En el caso de un índice bursátil (como el Nasdaq o el FTSE100), acciones individuales, divisas u otros activos negociables, es necesario comprender los gráficos que muestran los movimientos históricos de los precios, así como el volumen de acciones que se compran y venden, para saber valorar las tendencias de los precios.

DESCONFÍA DE LAS NOTICIAS EXCESIVAMENTE POSITIVAS

La misma lógica se aplica cuando los medios de comunicación y los analistas financieros hablan bien de una clase de activos, un producto o un índice. Al igual que harías con las acciones a la baja, haz una pausa y analiza los fundamentos. En caso de duda, busca y paga por el asesoramiento y la opinión de expertos. Analizar gráficos y datos puede ser tedioso para la mayoría de la gente y lleva mucho tiempo. Los gestores de fondos cobran por hacerlo, así que considera la posibilidad de que lo hagan por ti a cambio de una retribución para poder centrarte en otros tipos de activos, como los inmobiliarios.

58

INVIERTE EN COSAS QUE TE GUSTEN

*«Invierte solo en cosas que te gustaría conservar
y utilizar en caso de que se cierre el mercado».*

No puedes tener éxito cuando tu trabajo te desquicia. Nadie destaca sistemáticamente en tareas que no disfruta. Cometes errores, te aburres, descuidas los detalles y te falta energía para ser creativo e innovador. No hay ni un solo multimillonario que se haya enriquecido con actividades que odiaba.

Pero, te dediques a lo que te dediques, hay formas motivadoras e interesantes de ganar dinero. Solo tienes que encontrar la que mejor te vaya y hacer que el dinero sea una consecuencia. Para mí eso significa:

- Renovar propiedades antiguas para alquilarlas o venderlas.
- Escribir libros para inspirar a otros, lo que me reporta ingresos regulares por derechos de autor y honorarios por dar conferencias.
- Dar forma a mi negocio de *coaching* y formación, y mejorarlo.

Incluso entre estas pasiones, sigo teniendo preferencias. Solo compro propiedades en las que me imagino viviendo —y a veces lo hago—, solo escribo libros sobre temas que me interesan y solo asesoro a clientes con los que me gusta trabajar.

¿Qué te gusta hacer que pueda producir dinero?

✓ *Ponlo en práctica*

ENSAYO Y ERROR

Es muy difícil saber si algo te va a gustar antes de hacerlo. Puedes intuirlo, emocionarte por el entusiasmo de otras personas, pero solo cuando pruebas algo puedes ver realmente la energía, la motivación, el interés y la pasión que te despierta.

Aun así, puede que necesites tiempo para llegar a hacerte una opinión. Al principio, quizá solo te convenza la novedad y disfrutes de la sensación de hacer algo nuevo. Por otro lado, como principiante, puede que te sientas abrumado y te alejes de algo demasiado pronto.

DISFRUTAR AYUDA A SUPERAR LOS BACHES

Disfrutar de aquello en lo que inviertes tu tiempo y dinero te ayudará a superar los momentos difíciles, cuando los mercados caigan y no puedas vender algo. Piensa en las ventajas de quedarte con activos, inversiones y propiedades que te gusta tener, en lugar de con los que detestas.

PUEDE QUE NO TODO TU TRABAJO TE GUSTE

Recuerda que tus mayores oportunidades financieras pueden no estar siempre en activos y tareas que te atraigan. A veces todo se reduce a ingresar dinero en el banco. Prepárate para ensuciarte las manos de vez en cuando para poder centrarte más en lo que te gusta, ya sean propiedades, empresas de nueva creación, derivados, opciones de venta..., lo que más te guste.

59

TRABAJA CON INTELIGENCIA

«Se pueden comprar muchas cosas con dinero; el tiempo no es una de ellas».

Quemarse con el trabajo es una buena forma de asegurarse de que nunca se tendrá la oportunidad de disfrutar del dinero o del tiempo. Y si trabajas 52 semanas al año 18 horas al día, te quemarás.

Presta atención a los signos de un compromiso excesivo. ¿Te levantas a las 5 de la mañana y te llenas el día de trabajo hasta que te quedas dormido por la noche?, ¿persigues múltiples objetivos y te obligas a completar una lista de tareas poco realista? Todos lo hacemos de vez en cuando, pero, si se convierte en la norma, es hora de echar el freno.

Dedica tiempo a hacer una pausa, recargar las pilas, reflexionar y explorar. Fíjate en cómo encuentran el equilibrio las personas más ricas del mundo, desde Richard Branson, que empieza sus mañanas en Necker Island paseando y leyendo, hasta Jerry Seinfeld, que saca tiempo cada día para meditar.

Tus objetivos financieros deben dirigirte y centrarte, pero nunca tendrías que convertirte en esclavo de ellos. Vas a tener que trabajar más duro que la media, como ya sabes, pero también necesitas trabajar de forma más inteligente que la media. Tienes que aprender a tomar decisiones cómodas y acordes al uso que le das a tu tiempo, que te permitan hacer lo importante sin acabar quemado.

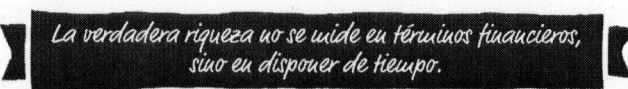

La verdadera riqueza no se mide en términos financieros, sino en disponer de tiempo.

✔ *Ponlo en práctica*

RECORTA SIN REMORDIMIENTOS

Haz un uso inteligente de tu tiempo, ya seas empleado, inversor o empresario. Observa cómo lo utilizas y compáralo con cómo necesitarías hacerlo.

Identifica las actividades que te sirven y las que puedes reducir o eliminar

Echa un vistazo a tu jornada y haz todo lo necesario para agilizarla:

- ¿Tienes distracciones triviales que podrías dejar de lado?
- ¿Qué actividades podrían eliminarse o acortarse?
- ¿Tienes demasiadas reuniones? ¿Hay alguna a la que puedas ausentarte o asistir solo a las partes que más te interesan?

Automatiza, externaliza y delega

Ganar dinero a menudo implica participar en múltiples actividades, desde mantener un trabajo diario hasta invertir tiempo y dinero en otros negocios. La presión del tiempo puede ser atroz, así que hay que identificar las tareas que pueden cambiarse, automatizarse o encomendarse a otros de forma sencilla y rentable:

- Paga a una persona para que te lleve la contabilidad.
- Contrata a un administrador de fincas.
- Cambia a servicios bancarios automatizados.

Crea un equipo

No puedes hacerlo todo solo. Más adelante veremos cómo contratar personal puede ayudarte a alcanzar tus sueños financieros.

60

¿ESTÁS ESCUCHANDO?

«Nunca he conocido a una persona de éxito
que no supiera escuchar».

Siempre me hace gracia cuando la gente no conoce la diferencia entre oír y escuchar. Oír lo que alguien dice es completamente distinto a escucharlo. Cuando escuchas, asimilas la información, la procesas, aprendes y la aplicas a tu toma de decisiones.

Saber escuchar es esencial para crear riqueza, porque las consecuencias de no hacerlo pueden ser desastrosas para tus finanzas, ya sea por no seguir los consejos de tu asesor financiero e invertir en los productos equivocados, por malinterpretar las preocupaciones de un cliente clave y perderlo o por no escuchar las peticiones de un inquilino, lo que puede llevarlo a rescindir su contrato antes de tiempo.

Es fácil engañarse a uno mismo pensando que se te da bien escuchar. En un estudio de escala mundial de 2015 realizado por Accenture, el 96 % de los encuestados afirmaron que sabían escuchar, pero también admitieron que se distraían y hacían varias cosas a la vez. No te dejes engañar. Otro estudio de la Universidad de Minnesota realizado por Ralph Nichols y Leonard Stevens muestra el panorama real. La conclusión es que «inmediatamente después de escuchar a alguien, la persona media solo recuerda la mitad de aquello a lo que ha estado expuesto, por mucha atención que haya podido poner».

Escuchar es difícil. La mente va siempre a toda velocidad, la atención cambia constantemente entre el pasado y el futuro y todo el mundo está lleno de ansiedades y preocupaciones. Afortunadamente, las habilidades de escucha activa son fáciles de aprender y perfeccionar.

Sé una persona mejor y más rica: ¡aprende a escuchar!

✓ *Ponlo en práctica*

PRACTICA LA ESCUCHA ACTIVA

Te lo debes a ti mismo y a todas las personas con las que te relacionas para asegurarte de que escuchas de manera adecuada. Se sentirán valoradas y respetadas, y tú estarás mejor informado.

- Debes estar presente. Siéntate o quédate quieto cuando escuches a alguien. Deja el teléfono a un lado y mira a la otra persona a la cara mientras habla. Cierra los ojos mientras lo escuchas por teléfono. Mira la pantalla del ordenador mientras escuchas en una videoconferencia.

- Demuestra que estás escuchando. Asiente, muestra acuerdo, di «Te entiendo», «Comprendo». No lo interrumpas.

- Mientras alguien habla, deja de pensar en lo que quieres decir como respuesta y limítate a escuchar a la otra persona.

- Después de que haya hablado, haz una pausa y asimila lo que ha dicho.

- Antes de dar respuestas o justificaciones, debatid y poneos de acuerdo en lo que estéis de acuerdo.

- Demuéstrale (y demuéstrate a ti mismo) que has entendido lo que decía. Resúmele lo que le has oído decir.

- Haz preguntas aclaratorias para asegurarte de que lo que crees haber oído es realmente lo que la otra persona estaba diciendo. Esto es muy importante cuando hay emociones de por medio y las palabras de alguien pueden no ser del todo claras y objetivas.

- Anota inmediatamente lo que se ha hablado. Envía a la otra persona un resumen por correo electrónico para asegurarte de que has entendido bien.

6 1

NO DEFRAUDES
A HACIENDA

«La fiscalidad es el precio que hay que pagar
por vivir en una sociedad moderna».

En algún momento tendremos que hablar de impuestos. No es el tema más popular. Admitámoslo, a nadie le gusta pagarlos y a muchos les gustaría evitarlos.

Siempre habrá un montón de asesores a mano para ayudarte a ahorrar un poco de dinero aquí y allá. Por un lado, esto puede parecer una buena forma de aumentar el patrimonio, pero no serás verdaderamente rico sin la tranquilidad de saber que estás en el lado correcto de la ley y contribuyes a la sociedad.

Si necesitas más motivos, piensa en la gente a la que pillan defraudando. Cada año, decenas de millonarios son acusados de evasión fiscal y a menudo acaban pagando multas, costas judiciales e impuestos atrasados. Por no hablar del golpe a la reputación y a las perspectivas de generación de ingresos en el futuro.

No siempre es blanco o negro. A veces puede que ni siquiera sepas que estás haciendo trampas. Puedes pensar inocentemente que estás utilizando un método legal para minimizar los impuestos personales o de sociedades.

 Nadie se hace rico evadiendo impuestos, así que págalos.

✓ *Ponlo en práctica*

PAGA LO QUE TE CORRESPONDE

Hay muchas formas de minimizar la factura fiscal: sociedades pantalla, *offshores*, fideicomisos, tratamiento diferenciado de los ingresos, determinadas compensaciones... Hay una lista interminable de posibilidades. Las posibilidades de ahorro son enormes. Bloomberg informó de que solo en 2016 Google se ahorró legalmente 3700 millones de dólares en impuestos gracias al uso de sociedades pantalla en lugares como Irlanda, Países Bajos y las Bermudas. Los ricos pagan grandes honorarios a sus asesores para que les ayuden a mantenerse dentro de la ley al tiempo que minimizan sus obligaciones fiscales. Tú puedes hacer lo mismo. Nadie te pide que pagues de más.

Al mismo tiempo, ten cuidado con determinadas lagunas jurídicas que, aunque técnicamente son legales, no son éticas. Seguro que podrías salirte con la tuya, pero sabes que está mal hacerlo. Sigue unos valores adecuados, de modo que te sientas feliz pagando lo que te corresponde, aprovechando las desgravaciones y deducciones permitidas, pero evitando cualquier maniobra dudosa.

APROVECHA AL MÁXIMO LOS PLANES DE AHORRO LIBRES DE IMPUESTOS

Infórmate sobre los planes de ahorro libres de impuestos que gestiona el Gobierno de tu país. Existen en muchos lugares. En muchos países, puedes invertir en una cuenta de ahorro individual hasta un cierto límite cada año para que los ahorros devenguen intereses libres de impuestos. La asignación para el año fiscal 2018/2019 fue de 20 000 libras, cantidad que se podía invertir en distintas combinaciones.

INFORMA CON PRECISIÓN

A medida que aumentan tu patrimonio y tus flujos de ingresos, otra persona debería hacerte la declaración anual de la renta. Asegúrate de que ambos estáis de acuerdo respecto de todas tus fuentes de ingresos y gastos. No permitas ingenuamente que esa persona infravalore tus ingresos o reclame incorrectamente una desgravación, pensando que te está haciendo un favor. No es así.

62

DEBES SABER CUÁNDO DEJAR TU TRABAJO

....

«Trabaja en tus propios objetivos y sueños.
O deja que otros te paguen por trabajar en los suyos».

La mayoría de las personas ricas de hoy en día fueron en su día asalariados, la mayoría de los cuales pasaron a ser propietarios de empresas o a gestionar y hacer crecer sus diversas inversiones. Hay excepciones. Se puede llegar a ser multimillonario en algunos trabajos, pero normalmente solo en determinadas profesiones, como la abogacía, la auditoría, la banca de inversión o la correduría, así como los operadores de bolsa, quienes trabajan en *start-ups* tecnológicas, los cirujanos o los arquitectos, por nombrar solo algunos casos. En Estados Unidos, según una encuesta realizada en 2018, la media de ingresos anuales en todo el país era de 61 000 dólares, y para los jóvenes de 25 años era de 34 000 dólares. La Oficina de Estadísticas Nacionales del Reino Unido calculó en 2017 que el salario medio anual en todo el país era de 27 271 libras.

Abandonar un trabajo seguro puede ser tu trampolín para hacer realidad tus sueños financieros. Hay historias asombrosas e inspiración por todas partes. Por ejemplo, la de Emma Gannon, que dejó el trabajo en el grupo editorial Condé Nast, para dedicarse a sus propias ideas empresariales, que ahora incluyen el popular *podcast Ctrl Alt Delete* y un par de libros superventas. O Rick Wetzel y Bill Phelps, que dejaron Nestlé para crear la cadena de comida Wetzel's Pretzels en Estados Unidos.

Busca historias de personas que han dado el paso y han abandonado trabajos seguros en pos de algo más. Es realmente inspirador ver cómo han creado riqueza y satisfacción a partir de una idea o una pasión.

¿Te quedarás trabajando por cuenta ajena indefinidamente, pondrás una fecha de finalización o darás el salto para convertirte en tu propio jefe ahora?

Tu reto es saber qué es lo más adecuado para ti.

✔ *Ponlo en práctica*

DESCUBRE QUÉ TE MOTIVA

Si estás pensando en dejar el trabajo, piensa en las motivaciones que tienes. ¿Intentas escapar de algo o se trata realmente de una oportunidad para aumentar tu patrimonio y hacer algo que realmente deseas?

PREPÁRATE

No abandones el trabajo sin un plan. Prepárate para empezar el plan mientras sigas empleado. Y, si puedes, sigue el plan hasta el punto en que tu actividad secundaria ya te esté haciendo ganar dinero y pueda convertirse en tu actividad principal. Utiliza tu tiempo como empleado para:

- Adquirir las competencias que necesitas.
- Estudiar por las tardes o adherirte a una asociación u organismo profesional.
- Establecer redes y contactos para aprender de las personas adecuadas.
- Considerar la posibilidad de emprender otras empresas en tu tiempo libre.

NUNCA ES EL MOMENTO PERFECTO

No lo dejes para más tarde ni retrases el plan. Busca mentores y otras personas que te den consejo, ánimo y apoyo.

ASEGÚRATE DE QUE ESTÁS PREPARADO PARA SER AUTÓNOMO

No pasa nada por seguir trabajando por cuenta ajena. No todo el mundo está preparado para las incertidumbres, los riesgos, el estrés y las responsabilidades del trabajo por cuenta propia o, simplemente, para administrar el dinero. Piénsatelo bien antes de dejar el trabajo y, si en el fondo te has dado cuenta de que prefieres seguir como empleado, acéptalo.

6 3

OJO CON LAS *NECESIDADES* DE NUEVO RICO

«Nunca compres nada solo para presumir. A nadie le importa».

Bill Gates recordaba en una entrevista a Bloomberg que a finales de la década de 1970 se compró su primer coche, un Porsche 911, con su primera ganancia inesperada como propietario de Microsoft. ¿Qué haces cuando aumentas tu riqueza? ¿Te compras el último deportivo, una casa más grande, te haces socio de un club, pasas unas vacaciones en un destino exótico, te haces ropa a medida o llevas a tus hijos a colegios privados de élite? Como te lo has ganado a pulso, mereces disfrutarlo.

Nadie te impide disfrutar de tu nueva riqueza, pero, si ya tienes un coche, ¿por qué cambiarlo solo porque hayan aumentado tus ingresos? Si te encanta tu casa, ¿por qué irte a un barrio más acomodado? El peligro viene cuando automáticamente quieres mejorar y tener lo mejor de todo. Es lo que se conoce como «las necesidades de nuevo rico», que lleva a aumentar los gastos y los compromisos en función del aumento de ingresos. Es la razón por la que demasiadas personas que han ganado la lotería pierden toda su riqueza en pocos años.

Tu estilo de vida y tus decisiones de gasto no deben reflejar tu riqueza y tu deseo de impresionar a los demás, sino tus propias necesidades y valores. Sé como Warren Buffett. Al parecer, sigue viviendo en la misma casa que compró por 31 500 dólares en 1958 y conduce un Cadillac XTS de 2014.

No caigas en la trampa de gastar para enmascarar tus inseguridades y una baja autoestima.

✔ *Ponlo en práctica*

A MEDIDA QUE AUMENTEN TUS INGRESOS, DEBERÍA DISMINUIR EL PORCENTAJE DE LO QUE GASTAS

Puede sonar demasiado perfecto, pero, a medida que aumenten tus ingresos, ve ahorrando más. No gastes más. Por ejemplo, cada mes ganas 2800 € netos. Te suben un 8 %, hasta los 3024 €. En lugar de incluir los 224 € extra en tus gastos mensuales, programa una transferencia automática para transferirlos a tu cuenta de ahorro, idealmente el mismo día que cobras. Con suerte, ya estabas ahorrando parte de tu sueldo anterior, por lo que los 224 € son un ahorro adicional.

Si no lo haces, gastarás sin darte cuenta hasta el último céntimo de la subida salarial. No es tanto al mes, ¿verdad? Excepto cuando te das cuenta de que en 12 meses resultan 2688 € extra y, al cabo de dos años, 5376 €. Ahora empieza a sonar mejor. Esto contribuiría al depósito para la compra de una vivienda.

Del mismo modo, cuando ganes una cantidad inesperada de dinero, como una gratificación anual, una herencia o el pago de dividendos imprevistos, ahorra o invierte la suma íntegra.

LOS RICOS NO SIEMPRE COMPRAN ALTA COSTURA

Una buena costumbre es hacer la lista de la compra antes de salir. Haz una pausa antes de pensar en comprar algo que no esté en la lista y adquiere solo lo que necesites. Sigue el consejo de Warren Buffett: «Si compras cosas que no necesitas, pronto venderás cosas que necesitas».

NO HACE FALTA IR SIEMPRE A LA ÚLTIMA

Reduce al mínimo las compras; no es necesario que seas el primero en comprar el nuevo modelo de teléfono, por citar un ejemplo. A menudo son compras que reflejan un exceso de ego o inseguridad, no son cosas que necesitas en tu vida.

6 4

ENTIENDE
DE NÚMEROS

*«Nos estamos convirtiendo en una sociedad
de analfabetos financieros».*

Siento soltártelo así, pero, si quieres aumentar tu patrimonio, necesitas adquirir conocimientos financieros. Eso significa estar preparado para comprender los diversos aspectos del mundo de la inversión, la contabilidad y las finanzas. Necesitas tener las habilidades y conocimientos necesarios para:

- Tomar decisiones informadas y precisas en relación con tus finanzas.
- Comprender lo que ocurre con tu dinero e inversiones.
- Poder comparar las opciones disponibles.
- Apreciar las razones y las repercusiones de los movimientos de los activos, los precios y los mercados.
- Sentirte cómodo con los riesgos y el abanico de posibles resultados.

Tuve la suerte de ser ya contable titulado y exdirector financiero cuando empecé a centrarme en la creación de mi patrimonio. No es necesario que te conviertas en un contable cualificado, un experto fiscal o un analista financiero colegiado, pero, como mínimo, te animo a que prestes especial atención a las áreas tratadas en este capítulo. Incluso si tienes intención de delegar gran parte de tus decisiones financieras en terceros, como agentes de bolsa y gestores de fondos, comprender los conceptos básicos te ayudará a vigilar de cerca las decisiones y acciones que estos toman en tu nombre y te permitirá comprender mejor los asuntos de los que habléis.

Es hora de formarse: ¿estás preparado?

✔ *Ponlo en práctica*

VUELVE A LA ESCUELA

Haz cursos en línea, lee libros y asiste a clases sobre iniciación a las finanzas, cómo gestionar un patrimonio personal, inversiones o *trading*. Pide a expertos que te enseñen y aprende con la práctica (con cuidado de no perder nada de tu patrimonio en el proceso). Existen numerosos sitios web excelentes con fantásticas explicaciones y glosarios. Y empieza a mirar los movimientos de los precios en los mercados en los que estás invirtiendo.

Como mínimo, aprende sobre:

- **Balances:** para más información, consulta el capítulo 44.

- **Cuentas de pérdidas y ganancias:** recuerda que un beneficio o una pérdida es la diferencia entre todos los ingresos por ventas e ingresos menos todos los gastos y costes generales. Hay muchas definiciones de beneficio. Pueden tener en cuenta o no los impuestos, intereses, amortizaciones, etc.

- **Ratios financieros:** hay una serie de ratios que debes conocer, como el margen bruto o neto de ventas y el rendimiento del capital invertido.

- **Interés compuesto:** para más información, consulta el capítulo 28.

- **El valor actual neto del dinero:** 100 € ganados hoy y 100 € ganados dentro de un año no tienen el mismo valor. Los 100 € que ganes en el futuro valen menos que 100 € actuales por el tipo de interés que podría ganarse con esa cantidad. Por ejemplo, 95,24 € a un interés del 5 % anual valen 100 € dentro de un año.

- **Tipos de cambio:** para más información, consulta el capítulo 34.

- **Terminología de inversión:** antes de invertir en acciones, bonos, derivados, índices, fondos, etc., debes entender qué son. Aprende cómo y por qué fluctúan y qué terminología se utiliza en sus ámbitos, como *rentabilidad de la inversión, beneficios por acción, relación precio/beneficio, diferencial, precio de oferta, valores de mercado, contrato a plazo, opciones de venta* y *liquidez*.

- **Movimientos porcentuales de activos:** para más información, consulta el capítulo 80.

6 5

LLÉNATE
DE OPTIMISMO

«El vaso siempre está medio lleno».

Una psicóloga estadounidense, Barbara Fredrickson, ha estudiado el impacto de ser positivo y optimista y las conclusiones de su conocido trabajo, conocido como la «teoría de ampliar y construir», demostraron que:

- El optimismo y la positividad mejoran la capacidad para resolver problemas y de concentración. Amplían las posibilidades de tu cerebro.

- Por otra parte, el pesimismo reduce la capacidad de rendimiento y creatividad del cerebro, ya que incide negativamente en el funcionamiento del córtex prefrontal.

Te resultará difícil alcanzar objetivos financieros ambiciosos si te sientes deprimido y actúas de forma negativa. El pesimismo te impide trabajar con pasión y entusiasmo y reduce tu capacidad de inspirar y motivar a quienes colaboran contigo. Esto quedó claramente demostrado en un estudio sobre equipos de ventas de seguros recién contratados realizado por el conocido psicólogo positivo Martin Seligman. Descubrió que los vendedores de seguros optimistas vendían un 37% más de pólizas que sus colegas pesimistas, ya que estos últimos focalizaban su energía en cosas que no iban bien.

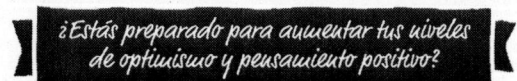

¿Estás preparado para aumentar tus niveles de optimismo y pensamiento positivo?

✓ Ponlo en práctica

CÉNTRATE EN LOS RESULTADOS, NO EN LOS PROBLEMAS

Gabriele Oettingen, profesora de psicología de la Universidad de Nueva York, define el optimismo como «las expectativas y el convencimiento de que puedes hacer ciertas cosas en el futuro». En eso tienes que centrarte, en prestar atención a los resultados que puedes y vas a conseguir. Algo que te ayuda en este proceso es reconocer lo que has conseguido hasta la fecha. Empieza a escribir un diario en el que combines tus listas de tareas pendientes con todo aquello que has conseguido.

No hagas como los vendedores de seguros pesimistas de Seligman y evita centrarte en lo que va mal. Sé consciente de esos detalles, pero no te centres en ellos.

EVITA A LAS PERSONAS NEGATIVAS

Te ayudará mantenerte alejado de los pesimistas. Todos conocemos a alguien que te dará un sinfín de razones por las que algo no se puede hacer. Sal corriendo. La vida es demasiado corta para perder un minuto aguantando un exceso de negatividad.

DESCONFÍA DEL EXCESO DE OPTIMISMO

Equilibra tu optimismo con dosis de realismo. Algunos líderes y empresarios son tan positivos que se vuelven ciegamente optimistas, sin un atisbo de duda sobre lo que va a ocurrir. Esto puede ayudarte a superar los obstáculos y las dudas, pero también puede alejarte de la realidad. Escucha siempre a los demás y trata de ver lo que realmente está ocurriendo.

6 6

ENCUENTRA EL VALOR DE LAS COSAS

«¿Por qué comprar algo a precio de catálogo
cuando puedes conseguirlo por la mitad en rebajas?».

La inversión en valor responde a un planteamiento muy sencillo y poderoso. La idea es que, si se conoce el valor real de algo, se puede ahorrar mucho dinero solo comprándolo cuando está por debajo de ese valor (en una subasta, en una venta urgente, etc.).

Los inversores se refieren a este valor real como «valor intrínseco» y siempre aspiran a comprar activos que cotizan con descuentos significativos respecto a él.

En el ejemplo siguiente, los precios de mercado son inferiores a los valores intrínsecos. En los tres casos, esta diferencia, denominada descuento o potencial alcista, es de 60 euros, pero la diferencia en términos porcentuales varía. Mantener una gama de valores infravalorados se considera una cartera de alta rentabilidad y bajo riesgo.

Acciones	Valor intrínseco de la acción	Precio de mercado actual de la acción	Descuento o potencial alcista (en % sobre el precio actual)
A	100 €	40 €	60 € (150 %)
B	120 €	60 €	60 € (100 %)
C	150 €	90 €	60 € (67 %)

Estimar el valor intrínseco de una acción no es fácil. Hay que tener en cuenta muchas variables, empezando por la relación precio/beneficios y los resultados financieros subyacentes de la empresa, para luego compararlos con las medias del sector y del mercado bursátil. Los mercados bursátiles son el foco de atención de miles de inversores profesionales respaldados por modelos de instituciones financieras, análisis y plataformas de negociación de acciones de alta velocidad. No es fácil competir con ellos, pero, como inversor individual, puedes «nadar con ellos», buscando valores infravalorados. Si no te sientes seguro, recurre a las gestoras de fondos y deja que te ayuden.

 ¿Por qué querrías comprar algo que cuesta más que su valor intrínseco?

✓ *Ponlo en práctica*

....

APLICA LOS PRINCIPIOS DE LA INVERSIÓN EN VALOR A TODA LA RIQUEZA QUE GENERES

Puede que no dispongas del tiempo y los conocimientos necesarios para encontrar acciones infravaloradas y otros productos de los mercados financieros, pero puedes seguir la idea de comprar únicamente activos que estén por debajo de su precio de mercado en otros ámbitos.

- *Trading* intradiario: si decides gestionar tu propia cartera de acciones, prepárate para invertir tiempo en investigar, centrándote en mercados de valores y empresas que conozcas bien, o que puedas llegar a conocer bien. Por ejemplo, un ejecutivo jubilado de una gran empresa farmacéutica de Londres que conozco solo invierte en acciones de grandes empresas farmacéuticas. Al centrarse en un sector en el que se mueve bien, es capaz de encontrar acciones infravaloradas.

- **Propiedad**: comprar una propiedad por debajo de su precio de mercado se está convirtiendo en una forma habitual de ganar dinero. Una propiedad de este tipo se puede vender tal cual, sin realizar ningún cambio, en cuanto suba el precio de mercado. Pero renovarla antes de venderla también es un ejemplo de creación de valor. Es muy común aumentar el valor de una casa añadiendo habitaciones, convirtiendo desvanes en dormitorios, creando sótanos o terrazas acristaladas. Según una encuesta de Zopa de 2017 sobre renovaciones realizadas en el Reino Unido, el rendimiento medio del coste de cualquier renovación fue del 50%. El beneficio medio por proyecto de renovación fue de 8000 libras.

- **Otras clases de activos**: esta misma lógica aplicada a las acciones y viviendas puede trasladarse a todo tipo de activos, incluidos el oro, las obras de arte, los vehículos y la compra de empresas.

6 7

CREA TU PROPIA EMPRESA

«A veces, la única forma de alcanzar tus sueños
es convertirte en empresario».

La mayoría de los millonarios trabajan por cuenta propia y, en un mundo en el que trabajar para uno mismo y crear una empresa desde cero se considera el punto álgido de la autorrealización, no es de extrañar que muchos lo hagamos. Las tasas de crecimiento son asombrosas. En 2018, 42 millones de estadounidenses trabajaban por cuenta propia, según MBO Partners, lo que representa alrededor del 25% de la fuerza laboral total del país. En el Reino Unido, se crean más de 600 000 nuevas *start-ups* cada año, según datos del Centre for Entrepreneurs. Muchas están dirigidas por sus propietarios y no tienen personal. En 2018 había 4,3 millones de los llamados negocios autónomos. Suponían el 75% de todas las empresas del Reino Unido, según datos del Gobierno.

El éxito financiero de los empresarios no está asegurado y, de hecho, son relativamente pocas las empresas que alcanzan altos niveles de crecimiento y ventas multimillonarias. La mayoría de los empresarios, si tienen suerte, ganan lo mismo que trabajando por cuenta ajena y las tasas de fracaso de las empresas de nueva creación son altas. Según un estudio de Statistic Brain, la tasa de fracaso de las empresas estadounidenses al cabo de cinco años supera el 50% y más del 70% al cabo de diez años.

El lado positivo es que ser tu propio jefe te da una enorme libertad para ser tú mismo y elegir lo que creas, con quién trabajas, a qué clientes atiendes y cuánto dinero quieres ganar. Aunque estas libertades se asocian con la responsabilidad y el estrés de tener que gestionar tu propio tiempo, dinero y recursos. Y el hecho de que nadie te paga automáticamente un sueldo cada mes.

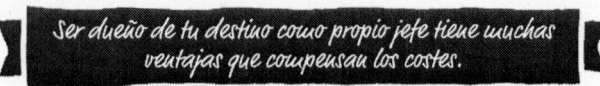

Ser dueño de tu destino como propio jefe tiene muchas
ventajas que compensan los costes.

✓ *Ponlo en práctica*

· ·

DEDÍCATE A LO QUE MÁS TE GUSTE

Monta un negocio solo con un producto o servicio que te guste y con el que vayas a disfrutar.

TEN UN PLAN DE EMPRESA

Has de saber cómo vas a crear valor. Debes ser capaz de articular lo que vas a producir, comprar y vender, a quién y a qué precio. Elabora un plan de negocio que incluya previsiones financieras y comprende cómo funciona el flujo de caja.

CREA LA ENTIDAD JURÍDICA QUE MÁS TE CONVENGA

Pide consejo a un contable o responsable de empresa para que te ayude a determinar la entidad jurídica ideal que necesitas crear en tu caso. ¿Piensas seguir siendo una empresa unipersonal o crear una sociedad en la que solo respondas por la cantidad de capital que inviertas? Cada país tiene una serie de opciones y cada una implica distintas obligaciones fiscales.

ELIGE CUIDADOSAMENTE A TUS SOCIOS COMERCIALES

Intenta mantener el 100 % de la propiedad de tu empresa, cediendo solo una parte si realmente necesitas un socio de trabajo o de inversiones (que solo pueda aportar dinero como capital, pero no participar en la dirección de la empresa).

BUSCA APOYO GUBERNAMENTAL

Los Gobiernos ofrecen todo tipo de ayudas a las nuevas empresas. Infórmate bien de las ayudas existentes en tu país.

NO TEMAS
A LA TECNOLOGÍA

«El futuro es digital. Asegúrate de formar parte de él».

A finales de 2018, las seis mayores empresas del mundo por valor de mercado pertenecían al ámbito tecnológico y de internet: Apple, Amazon, Alphabet, Microsoft, Facebook y Alibaba. Malas noticias para quienes desean ignorar la tecnología en su búsqueda de riqueza.

Internet y las tecnologías asociadas han transformado y seguirán transformando todos los aspectos de la vida moderna:

- Los teléfonos inteligentes, el correo electrónico, las aplicaciones de mensajería y las redes sociales se han convertido en nuestros canales de comunicación.

- Los flujos de dinero y las transacciones comerciales y financieras se producen en cuestión de segundos y el *block chain* y las criptomonedas están transformando las antiguas formas de hacer contratos y pagos.

- En los sitios web y las aplicaciones compramos, vendemos, aprendemos, comprobamos y encontramos de todo, desde hacer la compra hasta encontrar el amor.

- Las tecnologías de internet están en nuestras oficinas, fábricas, casas, coches y pronto dentro de nuestro cuerpo.

- La robótica y la inteligencia artificial están transformando todo tipo de sectores, desde el de la fabricación hasta el de los servicios, pasando por el de los sectores sanitario, educativo y gubernamental.

Más de la mitad de la población mundial, es decir, 4200 millones de personas, utilizaban internet en 2018 según Internet World Stats y en conjunto hemos pasado mil millones de años en línea, según una estimación de GlobalWebIndex. Internet y las tecnologías relacionadas se están apoderando literalmente del mundo y hoy en día es imposible llegar a ser rico económicamente sin adoptar alguna forma de tecnología.

 Hacer que la tecnología trabaje para ti es un acierto.

✓ *Ponlo en práctica*

....

Has de utilizar el potencial de la tecnología para impulsar la creación de riqueza y conseguir tus objetivos financieros. Esto puede lograrse mediante la siguiente combinación:

1. Crea productos y servicios basados en internet.
   - Piensa en lo que podrías crear y vender: desde una serie de aplicaciones hasta un servicio por internet.
   - Considera diferentes modelos de negocio, como el de suscripción o el transaccional.
   - ¿Qué negocio se necesita que no se ofrezca actualmente en internet?

2. Utiliza internet para dirigir una empresa y aumentar tu patrimonio.
   - Crear un sitio web empresarial interactivo.
   - Vende en línea utilizando los sitios que ya existen.
   - Encuentra clientes a través de sitios web de referencia o utilizando soluciones de *software* de referencia de clientes.
   - Busca proveedores en sitios web.
   - Gestiona y controla tu patrimonio y activos mediante aplicaciones en línea de tu banco, agencia de valores o asesor financiero.
   - Utiliza una aplicación de gestión inmobiliaria para cuidar de tus inversiones inmobiliarias.

3. Utiliza internet para tu día a día.
   - Gestiona tu tiempo y tu productividad con aplicaciones concebidas para ello.
   - Desestrésate con aplicaciones que te ayuden a calmarte.
   - Utiliza la nube, Office 365 y otros recursos en línea para poder trabajar desde cualquier lugar.

69

LA VIDA ESTÁ LLENA DE SORPRESAS

«De vez en cuando, los mercados hacen algo inesperado que no estaba en ningún manual. Algo tan disparatado que dará lugar a un nuevo manual».

Desde que el Leicester City ganó el título de la Premier League inglesa de fútbol en 2016 hasta el *crack* financiero de 2008, siempre ocurren cosas que nadie espera. De vez en cuando ocurren acontecimientos impredecibles que suceden a una velocidad alarmante, como empresas enteras, bancos, fondos de inversión, divisas y países que se hunden, a veces en un solo día:

- La quiebra de instituciones financieras como Long-Term Capital Management, Citibank y Bank of Scotland.

- El estallido de la burbuja puntocom en el 2000, que provocó el colapso de muchas empresas tecnológicas.

- Escándalos que destruyen empresas como Enron, WorldCom y Tyco.

- Terribles estrategias empresariales que llevaron a firmas como Kodak, Blackberry y Nokia casi a la desaparición.

Es fácil olvidar cuántas empresas grandes y exitosas han desaparecido o se han reducido mucho, provocando pérdidas millonarias a accionistas, fondos de pensiones y bancos. ¿Qué puedes aprender de esto en tu propia búsqueda de riqueza?

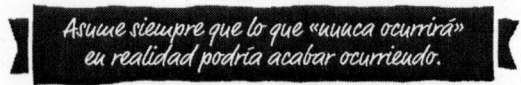

Asume siempre que lo que «nunca ocurrirá» en realidad podría acabar ocurriendo.

✔ *Ponlo en práctica*

DEJA DE ESCANDALIZARTE

Ocurre lo inesperado. Lo imposible se convierte en habitual. Hay que adaptarse y aceptar esta realidad y hacer lo posible para que no nos pille desprevenidos o, dicho de otro modo, convertir este tipo de sorpresas en oportunidades.

CÓMO DARLE LA VUELTA A LA TORTILLA

El grupo británico Carillion vio desplomarse el precio de sus acciones durante 2017, cuando cayeron desde un máximo de 2,38 libras a unos 12 peniques. La empresa, uno de los principales proveedores de servicios subcontratados del Gobierno británico, parecía un negocio sólido y bien gestionado. Los expertos en finanzas de los medios de comunicación mostraron su conmoción y, si hubieras tenido acciones de Carillion, podrías haber considerado el colapso como una enorme fatalidad.

Recientemente he leído artículos de algunos analistas financieros que sí que vieron venir la quiebra de Carillion y vendieron sus participaciones a tiempo. En su caso, ninguna tragedia, solo una nueva oportunidad. ¿Habrías sido capaz de detectar las crecientes deudas de Carillion y la caída de sus márgenes de beneficio y de leer las señales?

Tanto si dispones de un patrimonio neto de 100 000 euros como de una cartera de inversiones global diversificada de miles de millones, a continuación te indicamos cómo prepararte para posibles sorpresas negativas en el futuro:

- Conoce a fondo en qué estás invirtiendo, los fundamentos y los mercados en los que compras acciones, propiedades u otros activos.

- Busca señales de posibles problemas. Trabaja con buenos asesores financieros. Trata de comprender cualquier inversión que realices y cualquier activo en el que inviertas. En caso de duda, saca el dinero de ahí.

- Diversifica tu cartera. Con una cartera diversificada, cuando se produce una crisis, no todo tu patrimonio se va por la borda.

70

RECURRE A OTROS PARA ALCANZAR TUS SUEÑOS

«Prefiero tener a cuarenta personas trabajando una hora a la semana para mí que trabajar cuarenta horas a la semana yo solo».

He aquí un truco que muy poca gente utiliza y que puede hacer que tu patrimonio neto aumente enormemente: emplear a otras personas para que te ayuden a crecer.

¿Cuánto puedes hacer tú solo? Aunque trabajes 18 horas al día durante 365 días al año, lo que puedes conseguir tiene un límite. Es imposible estar en dos sitios a la vez, no tienes ese poder. Ser una persona multitarea está sobrevalorado y, en todo caso, es imposible de mantener largo tiempo. Tal vez puedas hacer el equivalente al trabajo de dos personas durante un día o dos, pero no de forma permanente.

A pesar de todo, la mayoría de los autónomos trabajan solos como propietarios únicos o independientes, sin nadie que les ayude. Son como empleados *de facto*; hacen todo el trabajo ellos mismos. La única diferencia es que facturan y cobran honorarios, en lugar de llevarse un sueldo a casa.

¿En qué situación te encuentras? ¿Quieres trabajar solo o contratar a otros para crecer más rápido? ¿Qué opción te ayudaría a alcanzar tus objetivos vitales y financieros?

 Un par de manos extra puede ayudar a acelerar la creación de riqueza.

✔ Ponlo en práctica

¿EXISTEN RAZONES EMPRESARIALES PARA CONTRATAR?

Imagina que eres un productor de miel autónomo que suministra a minoristas locales. Quieres ampliar el negocio, pero no sabes por dónde empezar ni qué decisión tomar. Hazte estas preguntas:

- ¿Quieres invertir más dinero y energía haciendo crecer el negocio con personal contratado? ¿Cómo encaja esto con tus objetivos y sueños financieros?

- ¿Podrías aumentar la producción de miel? ¿Hacer llegar el producto a más clientes, por ejemplo, mediante la venta a supermercados? ¿Podrías añadir flexibilidad a tu modelo de negocio, por ejemplo, abriendo una tienda con personal que vendiera la miel y otros productos relacionados?

- ¿Cuál es el margen de beneficio por tarro de miel? ¿Cuánto incremento del volumen de ventas se necesita para cubrir el coste de un posible empleado que gane, digamos, 24 000 euros al año?

- ¿Podrías contratar a alguien a tiempo parcial, con un contrato por obra y servicio o a comisión? ¿Aceptarías a estudiantes en prácticas?

- ¿Te gustaría seguir trabajando en el negocio de la miel a tiempo completo? ¿O preferirías dar un paso atrás y dejar que un empleado se haga cargo del negocio?

¿ENCUENTRAS LO QUE NECESITAS?

Nunca es fácil encontrar a buenos trabajadores. ¿Te ves capaz de encontrar y atraer a los mejores candidatos posibles con los que te gustaría trabajar? ¿Te dejaría esto tiempo y energía para lo que es más importante en tu vida?

71

CONFÍA EN TU INSTINTO

*«En las mejores decisiones que he tomado en mi vida
mi instinto ha desempeñado un papel destacado».*

«La intuición lo es todo», afirma Iñaki Arrola, uno de los principales inversores de capital de riesgo de España. Iñaki Arrola, uno de los primeros inversores en muchas de las principales empresas tecnológicas españolas, compartió en una entrevista para *Forbes* un ejemplo del poder de la intuición. Estaba tratando de atraer a un posible socio comercial en una cena con sendos cónyuges. «Después de cenar, mi mujer me dijo: "No sé nada de números ni de socios potenciales, pero este tío te va a engañar". Fue pura intuición. Y así fue».

He aprendido por las malas que, si tu instinto te dice algo, tienes que escucharlo. Si tienes dudas persistentes sobre alguien, ten cuidado. Si te sientes incómodo con una estrategia comercial, haz una pausa y reflexiona. Si tienes dudas persistentes sobre una decisión de inversión, revísala.

En los últimos años, he aprendido a escuchar a mi instinto y, desde entonces, mi toma de decisiones ha mejorado. Para alcanzar tus objetivos financieros necesitas cabeza y corazón. La cabeza es la máquina de pensar y tomar decisiones; cuando lo haces, domina el hemisferio izquierdo. El corazón es tu instinto, tu sexto sentido o tu intuición. Iñaki Arrola y su mujer no son los únicos que atribuyen su éxito financiero a escuchar lo que les dice su corazón, incluso cuando va en contra de los hechos y los números.

 Esa vocecita en tu interior es mucho más poderosa de lo que imaginas.

✔ *Ponlo en práctica*

DEJA ESPACIO PARA TU INTUICIÓN

No puedes esperar tener momentos de intuición si te pasas el día corriendo de tarea en tarea, con la cabeza llena de mil pensamientos y ansiedad. Dale a tu intuición la oportunidad de hablarte y escúchala tomándote tiempo para relajarte y bajar el ritmo. Mantente en el presente. No te preocupes por el ayer o el mañana. Deja que entren en tu mente pensamientos y sentimientos al azar. Los destellos de inspiración que te vengan a la cabeza en tus momentos de tranquilidad pueden sorprenderte y marcar la diferencia entre ganar o perder dinero en una inversión.

Únete a Bill Gates y descubre los beneficios de la meditación. En una reciente entrada de su blog, compartió cómo la meditación le ha ayudado a mejorar su concentración y a estar más tranquilo con las emociones y pensamientos que siente en cada momento. Prueba a explorar aplicaciones de meditación como Headspace o Mindfulness App.

JUZGA CADA VEZ MEJOR A LA GENTE

A medida que aumente tu patrimonio, tendrás que dedicar más tiempo a tomar decisiones sobre otras personas, ya sean futuros empleados, socios comerciales y de inversión o proveedores. Haz como Iñaki Arrola y su mujer. Permítete hacerle caso a lo que sientes por esas personas. ¿Te sientes cómodo con ellas y estás de acuerdo con su personalidad y comportamiento? Todos juzgamos a la gente a los pocos segundos de conocerla y, cuanto más tiempo puedas pasar en su compañía, más exhaustiva será tu evaluación. Pregúntate si cierta persona te parece alguien en quien puedes confiar y con quien puedes trabajar.

72

EL PASADO NO PREDICE EL FUTURO

«El futuro no le debe nada al pasado ni al presente».

Es más probable que inviertas en algo si antes has obtenido beneficios de una inversión similar, aunque las estadísticas indiquen que lo más seguro es que no te vuelva a ir bien. Los inversores llaman a esto «refuerzo del comportamiento». Brad Barber y Terrance Odean, académicos de la Universidad de California, demostraron que es más probable que suscribamos acciones en una próxima oferta pública inicial, por ejemplo, si hemos obtenido un buen beneficio en otra operación similar reciente, sean cuales sean los méritos reales de la nueva inversión y de la empresa que la respalda. El éxito del pasado nos ciega.

Del mismo modo, hay que tener cuidado con fiarse demasiado de los gráficos y tablas de rentabilidades que muestran datos históricos de cualquier cosa que te interese, desde fondos de inversión, mercados inmobiliarios y metales hasta índices bursátiles y acciones individuales, bonos y otros activos. A menudo, los precios del mercado parecen moverse de forma muy predecible. Un ejemplo podría ser cuando el precio de una acción sube en línea con la tendencia de su media. O cuando el precio de una acción no cae por debajo de los índices más bajos anteriores (denominados niveles de soporte). Cuidado con confiar en exceso. En realidad, nunca se sabe cuándo el precio de un activo subirá o bajará a niveles que no están en línea con su histórico, ya sea cayendo por debajo de su tendencia media de los últimos cinco o diez años o actuando de otras formas que no se pueden prever con los gráficos y datos del pasado.

 Dejar de centrarse únicamente en el pasado requiere esfuerzo y práctica.

✔ *Ponlo en práctica*

SÉ CRÍTICO CON EL PASADO

Puede parecer seguro basar las decisiones de inversión en gráficos de precios que muestren lo bien que ha subido en los últimos trimestres o años el activo que quieres comprar. El gestor de tu banco o tu asesor financiero también pueden pensar que es una buena opción. Pero trata de tener tu propia opinión. Lee e investiga por tu cuenta y busca segundas opiniones si es necesario.

REPITE CON MODERACIÓN

No inviertas mucho dinero en una sola cesta solo por los éxitos del pasado. Sé prudente cuando quieras repetir una inversión, sobre todo mientras mantienes el dinero invertido inicialmente en esa misma operación. Si la inversión se malograra, las consecuencias serían doblemente desastrosas.

Limita siempre la cantidad de dinero que destinas a cada inversión y no inviertas todo el dinero en una única cosa solo porque te haya ido bien en el pasado. Cada decisión debe tratarse como una oportunidad de inversión independiente.

73

LOS INTERCAMBIOS SON ESENCIALES

«Cada elección es una cuestión de intercambio.
Las personas de éxito lo saben y siempre eligen sabiamente».

En la vida hay que hacer concesiones. Eliges una carrera en vez de otra, un socio en vez de otro, aceptas pasar la semana ayudando a un cliente, lo que te obliga a rechazar la oportunidad de trabajar para otro. Haces estas elecciones todo el tiempo porque tú, tu tiempo y tu dinero no pueden estar en dos sitios a la vez.

El intercambio —o coste de oportunidad, como se conoce a veces— es un concepto muy importante que hay que entender a la hora de crear riqueza. La idea es que una vez que has invertido tu dinero en una opción, este ya no está disponible para dedicarlo a otra cosa. Si eliges la opción A, pierdes los posibles beneficios de la opción B.

A veces parece sencillo, pero la vida nunca lo es tanto. Podrías aparcar tu carrera para estudiar un MBA en una escuela de negocios de primera línea, pero las perspectivas laborales y salariales tras el MBA tienen que sopesarse con lo que sacrificas en términos de trayectoria profesional, remuneración y costes.

 No subestimes los costes de oportunidad de cualquier decisión: piensa en lo que podrías perder si eliges una opción en lugar de otra.

✓ *Ponlo en práctica*

Reduce al mínimo los costes de oportunidad y ten en cuenta el panorama general de tus necesidades y objetivos financieros a la hora de tomar decisiones.

NO IGNORES LOS COSTES DE OPORTUNIDAD MÁS EVIDENTES

A veces puede que no te des cuenta de determinados costes de oportunidad elevados. Por ejemplo, ten cuidado con mantener ciertas deudas, sobre todo si las puedes pagar con fondos disponibles. Supongamos que tienes un saldo de 10 000 euros en una tarjeta de crédito por el que te cobran un interés anual equivalente al 18%, mientras que al mismo tiempo tienes más de 10 000 dólares en inversiones que, antes de impuestos, rinden de media entre un 6% y un 8% anual. ¿Te sientes cómodo con este coste de oportunidad? ¿Tiene sentido mantener toda tu inversión con un rendimiento del 6%, en lugar de liquidar parte de ella para pagar una deuda con un interés de nada menos que del 18%?

APRENDE A SOLTAR LO QUE NO TE RINDA

No tiene sentido mantener inversiones poco rentables cuando podrías venderlas y destinar los fondos a otras más productivas. Por ejemplo, si posees un inmueble difícil de alquilar, estarás manteniendo un activo, quizá con una hipoteca que pagar, sin ingresos. En lugar de eso, podrías venderlo e invertir en una propiedad que se alquile más fácilmente, teniendo en cuenta la posible revalorización del precio de la vivienda en ambas ubicaciones.

74

BUSCA LA AYUDA DE MENTORES

«Ten bien cerca a quien se tome la molestia de mostrarte el camino y advertirte de los obstáculos que te esperan».

El Consejo Europeo de Tutoría y Coaching define la tutoría como un «proceso de desarrollo que implica la transferencia de habilidades o conocimientos de una persona con más experiencia a otra con menos». Si alguna vez has tenido un mentor, sabrás que su papel suele ser una combinación de enseñar, compartir y servir de modelo.

Las formas en que un mentor puede ayudar son interminables. Puede darte consejos sobre dónde estudiar, cómo entender algo con lo que te has topado, cómo cambiar de trabajo, cómo tener éxito en el trabajo, cómo invertir o cómo llevarte bien con un jefe difícil. Su papel también está ganando popularidad en el ámbito laboral. A los nuevos empleados se les suele asignar un compañero con más experiencia para que actúe en calidad de mentor y les ayude a asentarse en el puesto y a entender cómo triunfar en la empresa.

Tener acceso directo a las experiencias de alguien es iluminador, incluso más que leerlas en un libro o verlas en un documental. Cuando te tutelan, puedes mantener conversaciones profundas y significativas. Puedes indagar en los asuntos, aclarar dudas y hacer preguntas.

 Encontrar un mentor con energía, pasión y entusiasmo puede ser justo lo que necesitas para poner en marcha tus planes de creación de riqueza.

✔ *Ponlo en práctica*

PASAR TIEMPO CON QUIEN LO HA CONSEGUIDO

Si realmente quieres saber cómo llegar a ser millonario, ¿por qué no le pides a uno de ellos que comparta sus experiencias contigo? No son tan raros de encontrar: según una de las últimas estadísticas, hay en todo el mundo más de 42 millones de millonarios, según un informe de 2018 de Credit Suisse.

Puede que no estés en condiciones de ir a casa de un multimillonario y decirle: «Por favor, ¿querría ser mi mentor?». Puede que tampoco estés preparado para un evento de *networking* en la isla Necker, de Richard Branson. Pero puedes preguntar en tu entorno para que te presenten.

Cuando encuentres un posible mentor, explícale cuáles son tus aspiraciones y cómo esperas que te ayude. Establece una relación de confianza y, si es posible, intenta reunirte con él en persona y con regularidad. Dale las gracias invitándolo a un café o a comer.

APRENDER EN LÍNEA

No es lo mismo que sentarse cara a cara, pero las reuniones físicas no siempre son posibles. Afortunadamente, se puede aprender mucho en la red. Hay numerosos sitios dedicados a ofrecer asesoramiento y mentorías a quienes, como tú, quieren alcanzar sus objetivos financieros y aumentar su patrimonio. Algunos sitios son de pago y te ponen en contacto con un mentor a través de internet.

ASISTE A EVENTOS DE EXPERTOS

Mentworking es un término de reciente acuñación que alude al trabajo en red (*networking*) y la tutoría (*mentorship*). La idea es encontrar y asistir a eventos de *networking* que te den la oportunidad de conocer a mentores potenciales. Trata de estar cerca de personas con un alto poder adquisitivo, apúntate a charlas de altos directivos o asiste a seminarios para emprendedores. Esfuérzate por ponerte en contacto con personas a las que quieras emular.

75

EL MOMENTO OPORTUNO LO ES TODO

*«Nunca he conocido a nadie que sepa siempre
predecir la tendencia de los mercados».*

La mayoría de los inversores tienen un mal historial con el «momento óptimo». Es difícil comprar y vender exactamente en el momento adecuado. Los rendimientos financieros anuales de los inversores particulares suelen ser inferiores a los de los fondos gestionados, hasta un 1,4 % anual, según un estudio estadounidense de Morningstar.

No a todos los inversores particulares les va peor que a los grandes fondos, pero los que lo hacen suelen equivocarse en una cosa: entran y salen de las inversiones en los momentos equivocados, a menudo vendiendo antes de que los precios hayan dejado de subir.

Sin embargo, en realidad, a los profesionales solo les va un poco mejor que a ti y a mí, porque es difícil que los inversores obtengan mejores resultados que la rentabilidad media del mercado. Ya en 2015, el *Financial Times* informó de que, en los últimos treinta años, el inversor medio había obtenido una rentabilidad anual de solo el 3,79 %, frente a la rentabilidad global del mercado (basada en el índice S&P 500), que era del 11,6 % anual. No es una cifra sorprendente, a decir verdad.

En 2017, *The Economist* afirmó que a los inversores particulares les cuesta seleccionar gestores de fondos. No cabe duda de que existe una tendencia entre los inversores a prescindir de aquellos y, en su lugar, invertir directamente en fondos de seguimiento y fondos indexados, que siguen índices de referencia como el FTSE100 y el S&P 500. Además, este tipo de fondos suelen cobrar comisiones más bajas que los de los gestores de fondos que no siguen los índices de referencia por defecto.

A menos que estés convencido de tus grandes capacidades, considera otras estrategias.

 Acepta que no es posible predecir con exactitud la evolución de los mercados.

✔ *Ponlo en práctica*

ADOPTA UNA ESTRATEGIA DE *COST AVERAGING*

Deja de intentar predecir el mercado. Es muy difícil, incluso para los más expertos, saber cuándo entrar y cuándo salir. Por tanto, si inviertes en una clase de activo o producto concreto, invierte la misma cantidad cada mes. Dados los movimientos de los precios, algunos meses podrás comprar más —cuando el precio esté bajo— y otros menos —cuando suba—.

Se puede invertir de este modo en cualquier cosa cuyo precio varíe: fondos, *gilts*, *T-bills*, bonos, acciones individuales u otros activos, como el oro. Con el tiempo, comprarás a una serie de precios de mercado y lo más probable es que obtenga mejores rendimientos que si entraras y salieras del mercado como la mayoría de los inversores individuales típicos. Es lo que se llama *cost averaging* («compras periódicas por sumas fijas»).

Como ejemplo, supongamos que inviertes 500 € cada mes y que la rentabilidad media anual del activo o fondo a lo largo de veinte años es del 6%. Dentro de dos décadas, habrás acumulado 232 175,55 €. Puedes comprobarlo por ti mismo en el sitio web planetcalc.com. Introduce las cantidades mensuales que podrías invertir junto con el porcentaje de rendimiento anual previsto. Recuerda, en cualquier caso, que se trata de rendimientos antes de impuestos.

Tal vez prefieras invertir una suma global inicial e ir añadiendo según tengas excedentes de efectivo, en cuyo caso podrías invertir el dinero en un fondo o plan de pensiones. En este caso no hay que tocar el dinero, simplemente dejarlo crecer.

LOS FONDOS SON UNA BUENA APUESTA PARA INVERTIR CON REGULARIDAD

Busca un fondo con un buen historial, idealmente con comisiones y costes bajos. En muchos países existen herramientas on line de comparación de fondos, que pueden ayudarte a elegir. Considera la posibilidad de invertir en fondos indexados y de seguimiento. Son fondos pasivos vinculados a índices de mercado. Suelen tener comisiones más bajas. Sin embargo, ten cuidado con el *tracking error* («error de seguimiento»), que a veces se produce cuando un fondo no sigue con exactitud el índice que replica.

76

LLEVA UN ESTILO
DE VIDA SALUDABLE

«Rompe tus malos hábitos y ganarás mucho tiempo».

Nadie se ha hecho rico sentado viendo la tele. El empresario Andrew Ferebee entrevistó a cuatrocientas personas ricas en Estados Unidos y descubrió que ven la televisión una media de menos de una hora al día. Esto contrasta con el telespectador medio, que pasa unas cuatro horas al día frente a la pantalla. Piénsalo un momento. Las personas con éxito económico dedican tres horas más al día a tareas productivas, mientras que los demás se quedan en el sofá.

Existen estadísticas similares referidas al tiempo invertido en las redes sociales y jugando a los videojuegos. La mayoría de la gente simplemente malgasta el tiempo en actividades inútiles. Si te alejas de los malos hábitos, como usar el teléfono en exceso, te habrás regalado tiempo. Posiblemente mucho tiempo.

Lo mismo ocurre con los patrones de salud. Por término medio, las personas ricas hacen más ejercicio, comen más sano y duermen mejor que los demás. Richard Branson ha escrito sobre los beneficios del ejercicio y cómo mantiene el cerebro en buen funcionamiento, mientras que Jeff Bezos ha hablado de dormir ocho horas diarias.

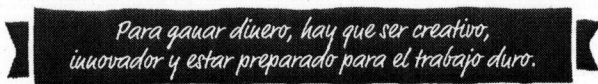

Para ganar dinero, hay que ser creativo, innovador y estar preparado para el trabajo duro.

✓ *Ponlo en práctica*

ALÉJATE DE LAS PANTALLAS

Para crear riqueza, hay que mantenerse atento y concentrado, y al mismo tiempo tranquilo y capaz de controlar las emociones. Para conseguir todo esto necesitas adoptar ciertos hábitos. A partir de hoy, vas a reducir radicalmente el tiempo que pasas frente a las pantallas. En su lugar:

Come con cabeza

Comer sano lleva a desarrollar una mentalidad más positiva y más energía. En un estudio publicado en 2015 en el *British Journal of Health Psychology*, se analizó durante dos semanas el consumo de alimentos y los sentimientos y comportamientos de los participantes. El estudio concluyó que una dieta con mucha fruta y verdura aumentaba la felicidad y la satisfacción vital. También se descubrió que una dieta de este tipo podría contribuir a aumentar la curiosidad y la creatividad.

Haz todo el ejercicio posible

Innumerables estudios demuestran la importancia del ejercicio físico para la salud y el bienestar general. No hay más que ver el estudio estadounidense de 2013 publicado en la revista *Psychology and Aging*, según el cual el aumento de la actividad física está relacionado con la mejora del rendimiento cognitivo.

Duerme bien y medita

Solo un número muy reducido de personas puede funcionar bien durmiendo menos de siete horas al día. Es hora de empezar a dormir bien. Lo ideal es acostarse pronto y levantarse temprano para mantener la agudeza mental y emocional y el equilibrio necesarios.

77

NO ES EL FIN DEL MUNDO

*«Cuando creas que te enfrentas a una catástrofe, pregúntate:
¿seguirá teniendo la misma importancia dentro de diez años?».*

En un estudio publicado en *The Journal of Nervous and Mental Disease*, se realizó un seguimiento de 72 adultos que perdieron sus ahorros para la jubilación por un caso de fraude bancario. A los veinte meses de la pérdida, el 29 % sufría depresión grave, frente al 2 % del resto de la población. En otro estudio publicado en el *Journal of Health Economics*, los participantes que perdieron sus ahorros en la crisis bursátil de 2008 mostraron un mayor sentimiento de depresión y un mayor consumo de antidepresivos.

El inversor medio se ve muy afectado —devastado, podría decirse— por las grandes pérdidas financieras. ¿Cómo te las arreglarías si perdieras todo tu patrimonio o se hundiera tu fondo de pensiones? Estas cosas ocurren y, antes de que nos demos cuenta, podemos volver al punto de partida. Imagínate tener que trabajar tras la jubilación o buscar un segundo empleo, buscar una casa más pequeña o llevar un estilo de vida más austero.

Por difícil que parezca, lo mejor es aceptar que te enfrentarás a contratiempos en el camino. Por devastador que parezca ahora, no hay muchas cosas en la vida que nos sigan importando dentro de diez años.

*Recuerda que, si has construido algo una vez,
siempre puedes volver a hacerlo.*

✔ Ponlo en práctica

NO TE PREOCUPES POR LAS COSAS PEQUEÑAS (NI INCLUSO POR LAS GRANDES)

Entonces, ¿cómo convertirse en el tipo de persona capaz de afrontar estas cosas con serenidad? No puedo sugerirte simplemente que no te preocupes por las cosas pequeñas: que te embarguen la casa o que pierdas todo tu patrimonio en una caída de la bolsa no son precisamente «cosas pequeñas». La cuestión es cómo no llegar a preocuparse de verdad por nada, independientemente de su importancia.

Ante una pérdida financiera importante, hay que seguir adelante y continuar con la vida de forma positiva, reconstruyendo el patrimonio desde cero si así se decide. El secreto está en la resistencia y la concentración, en mantener los pies en la tierra emocionalmente y en adoptar una actitud positiva.

El dinero no lo es todo. Vale, es fácil decirlo cuando se tiene. Pero es verdad. No lo es todo. Encuentra tu propia visión equilibrada en la ecuación de la riqueza y recuerda, a medida que la acumulas, apreciar todos los aspectos de tu vida para que, si un día pierdes tu riqueza, no te bloquees en la vida.

NO PASES POR ALTO LA LETRA PEQUEÑA

«Lo que no queremos oír se oculta en la letra pequeña».

¿Alguna vez has tenido uno de esos momentos de «Si hubiera leído las condiciones del contrato...»? Todos los días nos inundan con condiciones, contratos y acuerdos. Nos llegan por correo postal, correo electrónico o a través de las aplicaciones del teléfono. ¿Cuándo fue la última vez que los leíste al completo? ¿Lees siquiera los más importantes, como el contrato de la hipoteca, las condiciones del seguro de viaje, el contrato de alquiler del coche o el del seguro de vida?

El hecho es que la vida es mucho más agradable sin el papeleo, pero puede costarte dinero y estrés si no lo haces. Puede que pienses que determinada inversión es rentable, pero ¿has comprobado, para asegurarte, el tipo de interés y las comisiones que figuran en el contrato? Puede que quieras liquidar tu hipoteca anticipadamente, pero ¿tienes idea de cómo son las comisiones de amortización anticipada establecidas en la documentación del préstamo?

Acostúmbrate a leer la documentación, o al menos a buscar en ella las penalizaciones y comisiones que puedan sorprenderte. Pronto te acostumbrarás al tipo de cosas que buscas y estarás preparado para detectar esa información oculta. Anota mentalmente cada sección o epígrafe y asegúrate de que conoces las cifras, las comisiones, las penalizaciones y los plazos.

Cuando se trate de documentos importantes, considera la posibilidad de pedirle a otra persona, por ejemplo a un abogado o un contable, que compruebe los detalles por ti.

 Leer los términos y condiciones resulta tedioso y aburrido, pero puede marcar la diferencia entre el éxito y el fracaso financiero.

✓ *Ponlo en práctica*

....

CAVEAT EMPTOR (QUE EL COMPRADOR TENGA CUIDADO)

Es muy fácil acabar siendo víctima de la letra pequeña. Recuerda que el conocimiento es poder. Tómate tu tiempo para revisar algunos documentos financieros esenciales:

- ¿Tienes claro qué te cubre el seguro médico?

- ¿Tu tarjeta de crédito ofrece doce meses más de garantía cuando se utiliza para comprar electrodomésticos, etc.?

- ¿Un acuerdo de confidencialidad con un posible inversor te ata demasiado?

- ¿Tu póliza de protección de ingresos incluye prestaciones cuando pierdes el trabajo?

- ¿Merece la pena el seguro de viaje de tu banco?

- ¿Tu acuerdo de accionistas cede demasiado control a terceros?

- Para que tu seguro de hogar te cubra contra los robos, ¿las cerraduras han de ser de determinada marca?

- ¿Cubre tu seguro de vacaciones todo lo que podría ocurrirte durante tu viaje?

- ¿Falta algo en la lista de enfermedades graves que te cubre el seguro?

- ¿Tiene tu póliza de protección de ingresos demasiadas excepciones?

PERIODOS DE REFLEXIÓN

Haz una pausa si necesitas tiempo antes de firmar y, por tanto, de comprometerte a algo. Una vez que lo has hecho, a veces tienes la oportunidad de cambiar de opinión. En muchos países, las empresas que te venden productos financieros (como cuentas individuales, seguros, pensiones, etc.) deben facilitarte información clara en un documento de características clave o de datos fundamentales para el inversor que incluya tu derecho a cancelar el producto, los plazos y las posibles comisiones por hacerlo.

PON LOS HUEVOS EN MUCHAS CESTAS

«No hay ninguna cesta lo bastante segura para proteger todos los huevos todo el tiempo».

Imagina que has invertido todo tu dinero en propiedades en Londres y estás utilizando Airbnb para crear un flujo continuo de ingresos por alquiler, los 365 días del año. Todo va bien hasta que se aplica la restricción de las autoridades urbanísticas de, imaginemos, la «regla de las 90 noches», que solo permite alquilar propiedades londinenses durante 90 días al año. Además, los precios de los inmuebles en Londres están bajando. Metafóricamente, has puesto todos los huevos en la misma cesta y ahora estás pagando el precio. Resulta muy tentador simplificar las cosas: invertir todo el dinero en un solo banco, en un número reducido de empresas y poseer propiedades en la misma zona. Hacer esto es muy peligroso.

Con una sola cesta, corres el riesgo de perder todo tu patrimonio. Con una cartera poco diversificada, un riesgo no se compensa con otro. Cuando un activo pierde valor o baja su rentabilidad, no tienes activos que actúen como contrapeso, es decir, inversiones que puedan mantener su valor y rentabilidad mientras otras caen. El riesgo no se diversifica.

Lo ideal es combinar. Crea una cartera de inversión compuesta por activos que no se muevan juntos en la misma dirección al mismo tiempo. Este tipo de diversificación implica que:

- Todo conlleva un riesgo, incluso en caso de tener un dinero que creemos a salvo de todo. En un caso extremo, la economía de un país puede desplomarse, provocar una hiperinflación y que el propio dinero deje de tener valor.

- La diversificación de tus inversiones limita la exposición a un único acontecimiento, como la caída del euro, la quiebra de una empresa o el debilitamiento de la economía de un mercado emergente.

 En caso de duda, diversifica y coloca tu patrimonio en distintos ámbitos.

✓ *Ponlo en práctica*

ACTÚA COMO UN GESTOR DE FONDOS PROFESIONAL

Ningún gestor de fondos profesional tendrá la misma cartera que otro; cada uno tiene una tolerancia distinta al riesgo, unos clientes, unos objetivos y unas metas diferentes. Por término medio, el inversor minorista medio del Reino Unido posee una mezcla de renta variable (acciones) (77 %), renta fija (33 %) e inmuebles residenciales (30 %), según una encuesta de syndicateroom.com. En Estados Unidos, una encuesta de AAII de 2018 sobre asignación de activos reveló que los inversores particulares tienen, de media: acciones (34 %), fondos de acciones (31 %), bonos (3 %) y fondos de bonos (12 %), y efectivo (20 %). Estos porcentajes fluctúan todo el tiempo, a medida que los inversores y los gestores de fondos reaccionan a los cambios del mercado.

Los profesionales realizan análisis e investigaciones para crear carteras óptimas. Suelen practicar la asignación dinámica de activos, que consiste en redistribuir los activos en función de las probabilidades de los precios de mercado y los rendimientos esperados, en comparación con los riesgos de cada clase de activos. Como resultado, sus inversiones producen múltiples flujos de ingresos. Se necesita tiempo, experiencia y confianza para hacerlo bien: por eso son los profesionales. Tu reto es tratar de imitarlos, manteniendo una buena combinación de activos y redistribuyendo según sea necesario para mantener un equilibrio óptimo, o tomar la opción más fácil: invertir en fondos y dejar que los gestores gestionen tu dinero. Si tienes dudas, deberías optar por lo segundo.

CORTA POR
LO SANO

··

«En cuanto te des cuenta de que estás yendo
por el camino equivocado, párate y da la vuelta».

Muchos inversores tienen la costumbre de vender demasiado pronto los activos cuyo precio ha aumentado y conservar durante demasiado tiempo los que no lo hacen, a menudo sin vender ni siquiera cuando el precio no para de caer ante sus propios ojos. Es lo que se conoce como aversión a las pérdidas o efecto de disposición, un patrón por el que los inversores tienden a vender los activos que han subido de valor mientras conservan los que han bajado, prefiriendo cobrar los beneficios, a menudo demasiado pronto, y evitando asumir las pérdidas.

Recuperar las pérdidas es estadísticamente muy difícil. Esto se debe a la naturaleza de los cambios porcentuales. Consideremos el siguiente ejemplo:

- Decides conservar una acción cuyo valor está bajando y que compraste inicialmente por 900 €. Podrías haberla vendido en cualquier momento, pero esperas hasta que pierde un 20 %, hasta los 720 € (es decir, 900 × 0,8), antes de venderla.

- Para que vuelva a valer su precio original, podría imaginarse que el activo simplemente tendría que aumentar su valor un 20 %... Error. 720 € más una subida de un 20 % solo llega a 864 € (es decir, 720 × 1,2).

- Para que vuelva al valor original, tendría que aumentar un 25 %. Y conseguir una ganancia del 25 % en cualquier inversión supone mucho más esfuerzo que dejarla caer un 20 %.

¿Cuándo fue la última vez que cortaste por lo sano?

✓ *Ponlo en práctica*

··

PREPÁRATE MENTALMENTE PARA CAMBIAR DE RUMBO

Cuando estás en una racha perdedora, olvídate de los costes: el esfuerzo y el dinero invertidos. Olvídate de la posibilidad de recuperar lo perdido. Concéntrate en lo que puedes ganar si reduces las pérdidas, en lugar de en lo que puedes perder. Los trabajos de los psicólogos Chin Ming Hui y Daniel Molden, de la Universidad Northwestern, demuestran que lo mejor para «reducir los compromisos» ante cualquier cosa, como mantener una inversión deficitaria, es centrarse en la parte positiva. Piensa en el dinero recuperado como en algo que ahora puedes utilizar para invertir en activos rentables.

UTILIZA HERRAMIENTAS QUE TE AYUDEN

En el caso de las acciones, puedes colocar órdenes de *stop-loss* con tu agente de bolsa o en el *software* que estés utilizando para invertir. Se trata de instrucciones —diseñadas para limitar las pérdidas— para vender la acción cuando cae por debajo de un precio determinado. En el ejemplo de la acción de 900 €, se podría haber establecido una orden de *stop-loss* del 10 %. Esto significa que el corredor de bolsa vendería cuando el precio alcance los 810 € (es decir, 900 € × 0,9), limitando así la pérdida a solo 90 €.

Por desgracia, este método no es infalible. A veces, el precio cae tan rápido que el agente de bolsa o el *software* no pueden vender cuando se alcanza el margen de pérdida asignado. Esto es una realidad y demuestra que no hay inversión exenta de riesgo.

PARTICIPACIONES A LARGO PLAZO

Puedes abordar tus inversiones de otra manera: a largo plazo. Es decir, decidir mantener tus activos durante los altibajos de los distintos ciclos. De este modo —por ejemplo, con las aportaciones mensuales que haces a cualquier fondo— no tienes que preocuparte por reducir las pérdidas. La excepción, por supuesto, es cuando ocurre una catástrofe y una de las empresas en las que inviertes se viene abajo, momento en que su cotización se desploma y se avecina la quiebra. En ese caso, lo más prudente es deshacerse de todas las acciones lo antes posible.

8 1

INVIERTE DE FORMA ÉTICA

«¿Cómo puedes acumular riqueza cuando la gente a tu alrededor lucha por salir adelante?».

¿ Quieres hacer crecer tu patrimonio y, al mismo tiempo, tener un impacto positivo en el mundo? La inversión ética es cada vez más popular, especialmente entre los jóvenes. Según un estudio de Morgan Stanley, el 82% de los *millennials* con grandes patrimonios están interesados en enfoques de inversión sostenibles y éticos, frente al 45% del conjunto de quienes tienen grandes patrimonios.

Es posible que ya hayas leído algo sobre inversión sostenible, inversión de impacto o inversión ética. Cada vez más decisiones y asignaciones de inversión se basan en estos criterios. En conjunto, este tipo de inversión se denomina inversión sostenible y de impacto (ISI).

Hay muchos ejemplos: la encuesta mundial Investor Watch de UBS realizada en 2018 a inversores acaudalados reveló que el 39 % tiene algunas inversiones sostenibles dentro de sus carteras; en 2017, el Fondo de Inversión de Pensiones del Gobierno de Japón, que es el mayor fondo de pensiones del mundo, se asoció con el Grupo del Banco Mundial para promover las inversiones sostenibles; y el fondo soberano de Noruega declaró en 2017 que se desharía de todas sus inversiones en petróleo y gas, que en conjunto suman unos 31 500 millones de euros.

Hay muchos foros, eventos y organismos centrados en las ISI, como la Global Impact Investing Network. El crecimiento de industrias como las de eficiencia energética, potabilización de agua y agricultura sostenible crea constantemente nuevas oportunidades en este tipo de inversiones.

La inversión sostenible es un sector que debes tener en cuenta, tanto para tu bolsillo como para tu conciencia.

✔ Ponlo en práctica

COLOCA TU DINERO DEL LADO DE LOS DEFENSORES DE LA SOSTENIBILIDAD

Según Schroders, los defensores de la sostenibilidad son aquellos que se han comprometido a aumentar la proporción de inversiones éticas en su cartera. Un tercio de todos los inversores encuestados en 2018 por Schroders pertenecían a esta categoría. Además, muchos gestores de fondos o carteras han suscrito los Principios de Inversión Responsable de las Naciones Unidas.

INVERTIR EN FONDOS SOSTENIBLES

Coloca tu capital en «índices socialmente responsables», como el MSCI KLD 400 Social Index o el FTSE4Good UK Index. Están formados por empresas con un sólido perfil ético y de sostenibilidad, es decir, compañías con un alto nivel de respeto medioambiental, social y de gobernanza.

¿NO TE IMPORTA OBTENER UN RENDIMIENTO MÁS BAJO?

Hay pruebas de que cuando se adopta un enfoque de inversiones sostenibles y de impacto, los rendimientos podrían ser inferiores a los habituales. Un artículo del *Financial Times* de 2018 informaba de que el fondo de pensiones estatal noruego estimaba que había perdido casi un 2 % de rentabilidad en los últimos diez años por no invertir en las denominadas empresas con problemas éticos en ámbitos como la fabricación de armas y la minería del carbón.

Pero puede que este dato no sea definitivo. Otras fuentes muestran que la rentabilidad puede ser incluso mejor que la de las inversiones convencionales. La revista británica *Money Week* informó en 2018 de que, durante los últimos cinco años, el índice FTSE-4Good UK obtuvo una rentabilidad del 60 % (con los dividendos reinvertidos), frente al 51 % del FTSE 100.

82

NUNCA ES TARDE PARA EMPEZAR

*«La edad es solo un número. A medida que vivimos más, tenemos más tiempo
y oportunidades para cumplir todos los objetivos y sueños imaginables».*

Nunca es tarde para empezar algo grande:

- Mahathir Bin Mohamad se erigió en primer ministro de Malasia a los 90 años.
- El Premio Nobel Jens Skou empezó a aprender informática a los 70 años.
- Vera Wang creó a los 40 su imperio de la moda.
- Harland Sanders fundó KFC a los 60 años.
- John Pemberton creó Coca-Cola a los 50 años.
- Ray Kroc fundó McDonald's a los 50 años.

Está demostrado que crear una empresa a una edad avanzada aumenta las posibilidades de éxito. En un estudio titulado «Age and high-growth entrepreneurship» («Edad y espíritu emprendedor de alto crecimiento»), los investigadores, dirigidos por Pierre Azoulay, del Massachusetts Institute of Technology (MIT), descubrieron que el fundador de una empresa a los 50 años tiene casi el doble de probabilidades de alcanzar altos niveles de crecimiento empresarial en comparación con otro de 30 años. Parece que la experiencia y la sabiduría cuentan.

Para ahorrar e invertir, siempre es mejor hacerlo cuanto antes, pero empezar más tarde también puede dar buenos rendimientos. Supongamos que puedes ahorrar 1000 € al mes; con una rentabilidad media anual del 3 %, veamos cuánto tendrías, antes de impuestos, cuando llegues a los 65 años:

Edad de inicio del ahorro	Importe total depositado	Total de intereses devengados	Saldo bancario total
20	540 000 €	603 000 €	1 140 000 €
30	420 000 €	323 000 €	743 000 €
40	300 000 €	147 000 €	447 000 €
50	180 000 €	48 000 €	228 000 €

✓ Ponlo en práctica

QUE SIGAN LLEGANDO IDEAS DE NEGOCIO

La cultura y los medios de comunicación de hoy en día están obsesionados con la juventud, pero no importa si tienes 30 años y un salario bajo, 40 años y has sufrido un despido reciente, 50 años y una jubilación anticipada o 65 años y una pensión del Estado: aún tienes mucho que ofrecer.

Aférrate a tus sueños, ya sea montar tu propio negocio o conseguir la libertad financiera para ti y tu familia. Los jóvenes tienen la energía de su lado, pero cuando eres mayor has adquirido experiencia y sabiduría. De cualquier forma puedes triunfar como empresario; todo depende de tu mentalidad, creencia, determinación y deseo. Olvida la edad que tienes y actúa con energía y ganas. Según un estudio de Pierre Azoulay, el prestigioso profesor del MIT, la edad media de los fundadores de *start-ups* es de 42 años, cifra que se eleva a 45 en el caso de las *start-ups* de mayor crecimiento, que representan el 0,1 % del total.

EMPIEZA A AHORRAR E INVERTIR HOY MISMO

Vale también tenerlo presente en el caso del ahorro y la inversión. Debes estar atento a las ofertas especiales para las personas de mayor edad. Hasta hace un par de años, los mayores de 65 años del Reino Unido podían comprar los llamados «bonos para pensionistas». Podías invertir hasta 20 000 libras por persona o 40 000 por pareja. Los tipos de interés anuales eran buenos: el 2,8 % en un bono a un año y el 4 % en uno a tres años. Echa un vistazo a lo que hay disponible hoy en día en tu país.

PREPÁRATE PARA LAS TORMENTAS

«Habiendo crecido en Inglaterra, aprendí a llevar siempre un paraguas conmigo. Lo he aplicado a mis inversiones financieras».

En una situación de vida o muerte, puedes llamar a los servicios de emergencia, pero ¿qué haces si pierdes tus ingresos? ¿Y si pierdes inesperadamente tu trabajo, negocio o inversiones? ¿Qué tienes en la reserva?

Ya hemos visto lo poco que ahorra la mayoría de la gente. Es incluso peor de lo que muchos imaginan. El banco británico *online* First Direct realizó una encuesta y descubrió que el 7% de la población tiene unos ahorros totales inferiores a 250 libras, cantidad que, según calcula la entidad, permitiría a alguien sobrevivir durante cinco días basándose en unos gastos medios mensuales por hogar de 1536 libras.

¿Cómo puedes pensar en aumentar tu patrimonio si ni siquiera puedes sobrevivir sin seguir obteniendo ingresos? La verdad es que se puede hacer, pero resulta muy estresante. Lo que realmente necesitas es un buen colchón.

Te arrepentirás si intentas sobrevivir a un día lluvioso sin nada que te mantenga seco.

✓ *Ponlo en práctica*

DECIDE CUÁNTO QUIERES TENER EN LA HUCHA DE EMERGENCIA

Las buenas prácticas aconsejan mantener una reserva suficiente para poder vivir de ella al menos unos meses. Para calcular la cantidad, hay que hacer una lista de gastos y determinar los desembolsos mensuales esenciales. Mantén un fondo de emergencia equivalente al menos a tres meses de dichos gastos, idealmente seis, si es posible. Pon ese dinero en una cuenta de ahorro separada que genere intereses y a la que puedas acceder en caso de necesidad.

ASPIRA A TENER UN TECHO PROPIO

No puedes concentrarte en tus objetivos si te vas a la cama con la amenaza constante de quedarte sin casa. Es mucho más fácil sobrevivir a los momentos difíciles cuando se es propietario de una vivienda, evitando la sensación de ansiedad por no poder pagar el alquiler o la hipoteca.

BUSCA ASESORAMIENTO

Si no estás seguro de cómo gestionar el dinero y los ahorros, busca ayuda imparcial.

SI NO LO ENTIENDES, NO ES PARA TI

«Ten cuidado al jugar con dinero.
Si no conoces las reglas, pierdes».

Uno de los consejos clave de Warren Buffett es no invertir nunca en empresas que no se entienden. Lo mismo se aplica al dinero. Nunca lo inviertas en nada —acciones, derivados u otros productos financieros— que no puedas explicarle a otra persona.

Puede ser emocionante hacer algo que, al menos en parte, te resulta misterioso. Incluso puede dar lugar a descubrimientos nuevos e inesperados. Pero, cuando hay dinero de por medio, la emoción puede convertirse fácilmente en desesperación.

Hay cientos de productos financieros y muchos son difíciles de entender. Fíjate en el XIV (VelocityShares Daily Inverse VIX Short-Term ETN), un producto de inversión que Credit Suisse dejó de comercializar tras perder de la noche a la mañana el 93 % de su valor.

Buffett dejó pasar la oportunidad de ser uno de los primeros inversores en Amazon y Google, pero no se arrepiente de su decisión, como tampoco tú lo harás. Más vale prevenir que curar.

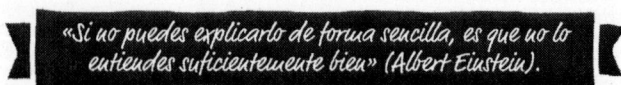

«Si no puedes explicarlo de forma sencilla, es que no lo entiendes suficientemente bien» (Albert Einstein).

✓ *Ponlo en práctica*

¿PUEDES EXPLICARLO CON PALABRAS SENCILLAS?

Haz tuya la regla de ser siempre capaz de explicar en términos sencillos a otra persona en qué estás invirtiendo. Si no puedes pasar esta sencilla prueba, ya sabes lo que tienes que hacer.

Si estás pensando en invertir en una empresa emergente, asegúrate de que entiendes el modelo de negocio. No basta con que lo entienda otra persona. Puede que el fundador de la empresa sea increíblemente apasionado y resulte obvio que lo entiende. Pero ¿lo entiendes y sabrías explicarlo tú?

Si inviertes en productos financieros, no confíes en que los gestores de tu banco te hablen de los altos rendimientos potenciales. Les pagan por hacerlo. Desconfía especialmente cuando ni siquiera ellos puedan explicarte en términos sencillos lo que tratan de vender.

85

CUIDADO CON EL EXCESO DE CONFIANZA

«Si no sigues las instrucciones al montar un mueble, cuando termines no te sorprendas al ver que una pata es más corta que la otra».

El exceso de confianza en la propia capacidad es un rasgo humano. Los psicólogos Howard Raiffa y Marc Alpert lo llaman «efecto de exceso de confianza» y puede llevar a situaciones curiosas. En un artículo de 2015 publicado en *Psychological Science*, tres académicos de las Universidades de Cornell y Tulane concluyeron que un exceso de confianza en los propios conocimientos llevaba a las personas a afirmar que sabían cosas totalmente imposibles o ficticias. En el estudio, los participantes afirmaron con confianza que conocían y entendían ciertos términos financieros que los investigadores se habían inventado.

Resulta aterrador pensar que a menudo confiamos en personas excesivamente seguras de sí mismas para que nos orienten y aconsejen. Las investigaciones de Brad Barber y Terrance Odean han demostrado que abogados, médicos y otros profesionales son propensos al exceso de confianza y, además, que los hombres suelen ser más confiados que las mujeres. En un estudio realizado en Estados Unidos por Daniel Kahneman, cuatro quintas partes de los empresarios encuestados —dueños de pequeños negocios recién creados— afirmaban que sus empresas tenían un 70 % o más de probabilidades de triunfar, una cifra muy superior a la realidad, ya que solo un 35 % de las pequeñas empresas de nueva creación estadounidenses sobreviven más de cinco años.

El mensaje es claro. Sé consciente de tu nivel de confianza y muéstrate abierto a la posibilidad de que puedas estar sufriendo el efecto del exceso de confianza. Recuerda que es la tortuga, no la liebre, quien gana la carrera. La liebre tiene un exceso de confianza, pierde de vista el objetivo y la lenta tortuga le gana la partida.

 ¿Qué necesitas para moderar tu exceso de confianza y ser más humilde?

✔ *Ponlo en práctica*

EVITA EL EXCESO DE *TRADING*

Los investigadores han descubierto que los inversores demasiado confiados hacen más *trading* que los demás. En el artículo «Trading is hazardous to your wealth» («El *trading* es peligroso para tu riqueza»), Barber y Odean demostraron que un exceso de *trading* conlleva elevadas comisiones y costes que pueden dar al traste fácilmente con casi todas las ganancias obtenidas. También descubrieron que los inversores excesivamente confiados calculan mal el momento de sus operaciones en comparación con quienes son más prudentes.

PLANIFICA MEJOR LA JUBILACIÓN

Evita confiar demasiado en lo que crees que vas a necesitar en la jubilación. Es mejor prevenir que curar y asumir que te hará falta más de lo que ahora consideras. En una encuesta sobre confianza en la jubilación realizada en 2017 por el Employee Benefit Research Institute, el 60% de los encuestados confiaba —incluso demasiado— en que sería capaz de ahorrar lo suficiente para permitirse una jubilación cómoda, pero en la misma encuesta solo el 41% admitía haber calculado cuánto iba a necesitar. Muchos de ellos no podían formar parte del 60% aludido. Más de la mitad afirmó que sus gastos sanitarios eran más elevados de lo que esperaban, lo que corrobora la noción de que los jubilados confían demasiado en tener suficiente dinero para vivir.

NO CREAS CIEGAMENTE A LOS EXPERTOS

En un conocido estudio de 2006, el investigador James Montier encuestó a trescientos gestores de fondos profesionales sobre su rendimiento. Casi todos ellos consideraban que su rentabilidad estaba en la media o era mejor que la media, cuando en realidad sus fondos representaban una muestra muy amplia. Todos somos falibles, pero hay que ser consciente de que incluso los profesionales pueden equivocarse.

ANALIZA CUIDADOSAMENTE LOS REFUGIOS SEGUROS

«No hay puertos tranquilos en los agitados océanos de hoy».

Cuando piensas en proteger tu dinero en tiempos difíciles, ¿qué consideras un refugio seguro? ¿Oro, efectivo, francos suizos, yenes japoneses, *gilts* —valores de primer orden— británicos, bonos del Tesoro de EE. UU., plata, yuanes chinos, propiedades inmobiliarias? Todos ellos se han considerado en algún momento activos estables. Durante un tiempo, incluso el bitcoin se consideró muy seguro... hasta que se desplomó.

Los activos refugio son importantes porque, mientras el precio de otros activos bajan, los productos refugio mantienen su valor o suben a medida que aumenta la demanda. Suena muy sencillo y durante años se ha mantenido la tendencia de estos activos a mantener su valor. Ahora bien, en los últimos años, los resultados han sido más dispares.

El oro es el refugio seguro por excelencia. Siempre se ha considerado el lugar más seguro para invertir. Su valor no sucumbe a los tipos de interés. Es un activo físico que no puede imprimirse a voluntad, como el dinero. Pero su precio, normalmente cotizado por onza, se ha mostrado muy volátil recientemente. Durante 2018, el precio de la onza de oro alcanzó un máximo de 1356 dólares, antes de caer hasta los 1175 dólares, un descenso del 13%. Si a esto le sumamos que no se puede obtener rentabilidad por tener oro, solo cabe esperar que su valor aumente.

Otros supuestos activos refugio también han mostrado un comportamiento desigual. De hecho, se ha observado que, desde la crisis financiera de 2008, ni el oro ni el dólar ni el yen se han mostrado especialmente estables. Entonces, ¿qué puede hacer un inversor?

Hoy en día los refugios seguros de inversión no son fáciles ni evidentes de encontrar.

✓ Ponlo en práctica

SÉ IGUAL DE DILIGENTE QUE CON CUALQUIER OTRO ACTIVO

Si los activos tradicionalmente seguros ya no mantienen el valor de la forma esperada, ¿queda algún lugar en el que guardar el patrimonio de forma segura?

La solución pasa simplemente por tratar los activos refugio como cualquier otro activo potencial en el que se invertiría. En otras palabras, no hay lugares seguros al cien por cien. Ya no puedes invertir ciegamente el dinero en activos refugio cuando se avecina una recesión o una crisis mundial. En lugar de eso, piensa en activos como el oro, los *gilts* británicos o los francos suizos como algunas de las inversiones más estables, pero ten presente que ninguno de ellos está exento de riesgo y pueden perder valor.

Al igual que ocurre con el oro, los demás metales preciosos no ofrecen ninguna rentabilidad, mientras que los intereses de los depósitos bancarios son bajos. Los rendimientos de los bonos del Estado, como las letras del Tesoro de EE. UU. a treinta años, los *bunds* alemanes a diez años y los *gilts* británicos a diez años, también son bajos y no es posible mantenerlos a la espera de que suban los precios para obtener ganancias.

Ninguno de ellos es una apuesta segura, pero deberías mantenerlos como parte de una cartera mixta adecuada, a modo de estrategia para equilibrar los diferentes riesgos y recompensas. Una alternativa más sencilla es invertir en fondos con una cartera mixta que se adapte a tus necesidades.

REAVIVA LA CURIOSIDAD QUE TENÍAS DE NIÑO

«Antes me reía de los adultos que actuaban como niños.
Ahora intento contratarlos».

Adam Bryant, columnista del *New York Times*, hizo una vez una pregunta a setenta directores generales y otros altos cargos empresariales: «¿Qué cualidades ves con más frecuencia en quienes triunfan?». La primera respuesta podría sorprenderte: la curiosidad apasionada.

En una encuesta a tres mil profesionales realizada por la *Harvard Business Review* en 2018, el 92 % de los encuestados afirmó que son los curiosos los que aportan nuevas ideas a los equipos: la curiosidad en un equipo mejora la motivación y el rendimiento de quienes lo forman.

Cuando alguien combina la pasión y la curiosidad, esa persona muestra una intensa fascinación por todo lo que la rodea. Muchas innovaciones y éxitos empresariales han surgido de personas apasionadamente curiosas. Los gigantes tecnológicos actuales (Facebook, Alibaba, Google, etc.) son el resultado de fundadores con estas cualidades, personas a las que las impulsa innovar y crear soluciones, a menudo ante problemas que ni siquiera existían todavía.

La mayoría de la gente no dedica tiempo a desarrollar su curiosidad. Ignoran cosas que a las personas que tienen éxito les intrigan. El escritor Paul C. Brunson describió una conversación con el multimillonario turco Enver Yücel; Brunson estaba maravillado por la curiosidad de este último sobre cosas que otros parecían no tener en cuenta, como la altura de los bordillos de las aceras en Washington D. C. y Estambul. Pero la cuestión es que a través de este tipo de curiosidad apasionada surgen las ideas más inesperadas. Ideas que pueden ser económicamente lucrativas. ¿Conoces a alguien como Yücel? ¿Cómo podrías parecerte más a él?

 La curiosidad es algo que se puede aprender y dominar con la práctica.

✔ *Ponlo en práctica*

CONSTRUYE TU PATRIMONIO BASÁNDOTE EN PREGUNTAS, NO EN RESPUESTAS

El antiguo CEO de Google, Eric Schmidt, dijo una vez que la tecnología funciona a base de hacer preguntas, no de encontrar respuestas. Cuando te enfrentes a retos y oportunidades, expresa tu curiosidad haciendo preguntas. Anima a los que te rodean a que también las hagan y no acepten lo obvio. Céntrate en este tipo de cuestiones: «¿Y por qué no?», «¿Y si...?», «¿Qué podríamos lograr?».

La riqueza procede de la creación de un valor por el que otros están dispuestos a pagar, resultado a menudo de la curiosidad de alguien que se plantea y explora preguntas y encuentra algún aspecto sin explotar. Los accionistas de Polaroid se hicieron muy ricos gracias a un inventor, Edwin Land, que escuchó a su hija. Los dos habían estado haciendo fotos y ella le preguntó a su padre: «¿Por qué tenemos que esperar para ver la foto?».

MANTÉN LA CURIOSIDAD, AUNQUE TE HAGAS MAYOR

El 41 % de los *millennials* entiende las criptodivisas, frente a solo el 18 % de los *baby boomers*, según un estudio de Legg Mason de 2018. En otra encuesta de 2018, esta vez realizada por YouGov, el 44 % de los *millennials* afirmaron que esperaban que las criptodivisas se utilizaran ampliamente en los próximos diez años, frente a solo el 34 % de la generación X y el 29 % de los *baby boomers*.

Las personas más jóvenes son más abiertas por naturaleza, así que mantente joven y no permitas que tus años de experiencia te cierren los ojos a lo que ocurre a tu alrededor. No lo sabes todo y siempre debes estar dispuesto a salir de tu zona de confort, tener la mente abierta y explorar.

8 8

HAZ CRECER TU RIQUEZA EN UN MUNDO «VICA»

«En el mundo actual, el cambio constante parece acelerarse cada vez más».

Invertir hoy en día implica hacerlo en un mundo muy inestable, inmerso en constantes transformaciones. Vivimos en un entorno VICA, acrónimo de lo siguiente:

- Volatilidad
- Incertidumbre
- Complejidad
- Ambigüedad

La volatilidad en estos momentos puede ser extraordinaria, con mercados que suben y bajan rápidamente, a veces en cuestión de segundos:

- En octubre de 2016, el valor de la libra esterlina cayó más de un 6% en dos minutos frente al dólar estadounidense.
- En junio de 2017, el precio de la mayor criptodivisa después del bitcoin, el ethereum, cayó en pocos minutos de más de 300 dólares a tan solo 10 céntimos de dólar.
- En enero de 2015, el franco suizo subió un 40% frente al euro en cuestión de segundos.
- En 2013, la Bolsa de Singapur se desplomó en cuestión de minutos hasta un 87%.

Las crisis repentinas de este tipo son cada vez más frecuentes debido a la complejidad de los mercados financieros, causada por la negociación de alta frecuencia, la complicada negociación de futuros, el *trading* de caja negra, la excesiva dependencia de los algoritmos informáticos y, por supuesto, la manipulación ocasional del mercado.

No hace mucho tiempo, antes de la generalización de internet, el correo electrónico y los sistemas de negociación en línea en tiempo real, nada ocurría en segundos. Hoy, miles de operaciones pueden producirse simultáneamente, tan solo en milisegundos.

Además, hay que enfrentarse a una avalancha de información y datos, hasta el punto de que, si buscamos en Google consejos sobre un mercado, una actividad o una empresa, lo más probable es que no nos enteremos de nada. Algunas fuentes dirán que la respuesta es equis, otras dirán que es y. Por desgracia, habrá que acostumbrarse a los tonos grises.

 Invierte solo en lo que entiendas y paga por asesoramiento si lo necesitas.

✔ *Ponlo en práctica*

. . . .

CONFÍA MENOS EN TUS PROPIAS HABILIDADES COMERCIALES

Dada la poca concreción de la información y la extrema volatilidad de los mercados, cada vez es más difícil confiar en las propias habilidades para llegar a ser un inversor de éxito. Cada vez se confirma más la idea de que es mejor mantener la mayor parte de las inversiones en los mercados financieros en fondos gestionados por profesionales con mejores sistemas y métodos de análisis.

También hay una tendencia a mantener más activos físicos, como propiedades, oro y antigüedades, algo que algunos analistas financieros denominan «volver a lo básico». Lo bueno de este tipo de activos es que no pierden un 80 % de su valor en cuestión de segundos. Es una buena estrategia para contrarrestar la negociación de alta velocidad basada en algoritmos, propia de las bolsas actuales.

MANTÉN EL IMPULSO

Uno de los efectos de nuestro mundo financiero, cada vez más complejo, es que resulta fácil confundirse y acabar perdiendo el norte. Esperas que tus inversiones vayan bien y te bloqueas cuando no es así. Recuerda el consejo que ya hemos visto: invierte solo en lo que entiendas y busca asesoramiento profesional si lo necesitas.

También quiero compartir una ecuación muy simple que creó el investigador social y autor Michael McQueen:

impulso (el proceso de avanzar y crecer) = (actividad + concentración) × constancia

Impulsar tu patrimonio, a pesar de la volatilidad, la incertidumbre, la complejidad y la ambigüedad que te rodean, no es fácil. Es necesario:

• Que tengas claras tus actividades financieras, los productos, activos y mercados en los que deseas invertir.

• Que le dediques suficiente tiempo y atención a tu patrimonio.

• Que seas coherente en tus decisiones y acciones y no permitas que el ruido y la confusión que te rodean te desvíen del camino.

89

SÉ UN NEGOCIADOR EXPERTO

«Todo está abierto a la negociación».

Nunca serás rico si no aprendes a negociar. A veces, significa hacer un gran esfuerzo para conseguir lo que se necesita, otras significa transigir y otras, simplemente, retirarse. Seguro que ya has negociado más de lo que piensas: cuando compraste o vendiste una propiedad, acordaste comisiones y condiciones con tu banco o agente de bolsa, firmaste un contrato de trabajo, pediste un aumento de sueldo o cerraste los detalles de un ascenso laboral.

Stephen Schwarzman es uno de los negociadores más exitosos del mundo. Es cofundador y CEO del Grupo Blackstone, que gracias a él se ha convertido en una de las mayores empresas de inversión y capital de riesgo, gestionando activos por valor de más de 450 000 millones de dólares. Su consejo para cualquiera que negocie es que se debe encontrar la zona de equidad, es decir, el solapamiento de lo que uno necesita y quiere con lo que espera la otra parte. La habilidad consiste en reconocerlo y ponerse de acuerdo con la otra parte sobre cómo llegar a él.

En otras palabras, se trata de encontrar un equilibrio. Y una de las mejores maneras de hacerlo es dejar claras tus propias necesidades y, al mismo tiempo, ponerte en lugar del otro para comprender las presiones que este soporta. Así que acostúmbrate a exponer tu postura de forma muy precisa, diciendo por ejemplo: «Necesito una reducción del 20 % en los honorarios para poder seguir utilizando tus servicios» o «Busco un plazo de no más de tres meses para cerrar este acuerdo o tendré que marcharme». Al mismo tiempo, ponte en su lugar para comprender las presiones a las que se expone.

 Lo más difícil de una negociación es saber cuándo retirarse.

✔ Ponlo en práctica

LA PRÁCTICA HACE AL MAESTRO

Schwarzman ha pasado cuarenta años perfeccionando sus habilidades. Puede que nunca llegues a su nivel. Al principio te sentirás como un novato, luchando por hacer valer tus necesidades y preocupado por disgustar a la otra parte. A medida que adquieras experiencia, te sentirás más cómodo llegando a un acuerdo dentro de la «zona de equidad».

PREPÁRATE PARA DAR UN PASO ATRÁS

Cuando se está inmerso en una negociación, puede ser fácil perder de vista el punto en el que un acuerdo es inaceptable, cuando una oferta de precio es demasiado baja o cuando el porcentaje de participación exigido a cambio de fondos de inversión es demasiado alto. Es muy difícil llegar a ese punto y decir no, tan solo porque probablemente se ha invertido mucho para llegar hasta ese momento. Quizá te resulte imposible imaginar no llegar a un acuerdo. En esos momentos, da un paso atrás y haz una pausa. Busca consejo, un mentor con quien hablar.

TEN UN PLAN B

¿Qué hacer si no se llega a un acuerdo? Necesitas un plan B. Roger Fisher y William Ury, miembros del Harvard Negotiation Project, lo llaman «tu mejor alternativa a un acuerdo negociado». Se trata de la segunda mejor opción para cuando no consigues llegar a un acuerdo.

ANÓTALO

Cuando hayas llegado a un acuerdo, no olvides tener constancia de él. A veces basta con un breve correo electrónico, pero la clave está en tener algo por escrito y que compartas con la otra parte.

9 0

CÉNTRATE EN LA INTELIGENCIA EMOCIONAL

«Si me dan a elegir, siempre optaré por trabajar con alguien con un alto nivel de inteligencia emocional».

Las investigaciones demuestran sistemáticamente que, cuanto mayor sea tu inteligencia emocional, más éxito tendrás.

- TalentSmart, una consultora de San Diego (Estados Unidos) especializada en inteligencia emocional, evaluó a una serie de personas en relación con 34 importantes competencias laborales. Su estudio concluyó que la inteligencia emocional es el factor predictivo más decisivo en el rendimiento, ya que explica el 58 % del éxito de una persona en su trabajo.

- En otro estudio realizado a lo largo de 45 años y publicado en el *Journal of Research in Personality* se evaluó a 80 científicos con edades comprendidas entre los 27 y los 72 años. La investigación reveló que las capacidades emocionales y sociales eran más importantes que el cociente intelectual para explicar la creatividad de las personas.

La inteligencia emocional implica:

- La comprensión, o autoconciencia, de las propias emociones, acciones y sentimientos.
- La capacidad para controlar, o autogestionar, estas emociones y acciones.
- La capacidad de empatía, de ponerse en el lugar de los demás.
- La capacidad para gestionar cómo interactúa y se comunica uno con otras personas.

En los últimos años, varias personas superricas han hablado de la importancia de la inteligencia emocional para el éxito, como Jack Ma, que señaló en 2017 que se necesita una buena dosis de ella para poder trabajar adecuadamente con la gente. La lección que se debe aprender es que, aunque parezca fácil, nunca debes subestimar tu capacidad para comprender y gestionar tus emociones como un factor clave en tu camino al éxito financiero.

 La inteligencia emocional es esencial para poder crear una vida de éxito financiero.

✔ Ponlo en práctica

CÓMO TE HA AFECTADO TU INTELIGENCIA EMOCIONAL

Reflexiona sobre los momentos en los que tu inteligencia emocional te ha ayudado o perjudicado. De este modo podrás comprender qué aspectos de ella necesitas gestionar y desarrollar mejor. Tómate un momento para anotar tus «momentos de inteligencia emocional» más destacados. ¿Te has enfadado, por ejemplo, con un compañero de trabajo o de negocios, lo que ha agriado la relación? ¿Te has sentido frustrado por una gratificación inferior a la esperada y has decidido dejar el trabajo?

APRENDE DEL PASADO

Probablemente encontrarás muchos ejemplos en los que han sido tus emociones las que han estado al mando, en lugar de tu inteligencia emocional, lo que puedes utilizar como lección vital. Es importante que domines tus emociones, no que dejes que ellas te dominen a ti. Así podrás tomar decisiones más meditadas y reaccionar a las situaciones con más calma. Solo así empiezas a ser un experto en inteligencia emocional.

ANIMA A LOS DEMÁS A DOMINAR SUS EMOCIONES

De poco sirve ser emocionalmente inteligente si los que te rodean hacen lo contrario. Ayuda también a las personas de tu entorno a actuar de esta forma. Lo último que quieres son arrebatos, palabras y acciones inapropiadas que afecten negativamente a tus propias finanzas y planes financieros.

91

TEN LOS PAPELES EN ORDEN

«Cuando metemos la pata, perdemos u olvidamos cosas,
solo podemos culparnos a nosotros mismos».

Si quieres tener éxito, debes ser muy organizado. Una vez conocí a una mujer que había perdido un billete de lotería premiado. Pasó días buscándolo y al final llegó a la conclusión de que lo había tirado por error. Lo último que supe es que pensaba ponerse en contacto con el ayuntamiento para intentar convencerlos de que buscaran en un vertedero local.

Aunque no te toque la lotería, olvidar o perder documentación puede salirte caro. Si alguna vez has extraviado un contrato comercial importante o un acuerdo de accionistas, o te has olvidado de presentar una declaración de la renta a tiempo y te han puesto una multa, sabrás de lo que hablo.

A medida que acumules activos, tendrás que ocuparte de más papeleo, lo que aumenta la posibilidad de pasar por alto una factura impagada, un contrato sin firmar o un acuerdo no presentado a tiempo.

Si eres acaudalado, puedes dejar en manos de otros todo lo relativo al papeleo. Pero, si no puedes permitírtelo, tienes que encargarte tú mismo.

Este ha de ser tu mantra: clasificar, organizar, actuar.

✔ *Ponlo en práctica*

DISPÓN DE UN ESPACIO DE TRABAJO ORGANIZADO

Mantén tu lugar de trabajo limpio y organizado. Si tu despacho o puesto de trabajo está desordenado, es más difícil concentrarse en una tarea concreta a la vez. Un estudio de 2011 del *Journal of Neuroscience* realizado por investigadores de la Universidad de Princeton descubrió que la corteza visual del cerebro se ve abrumada por papeles y objetos irrelevantes, lo que dificulta la realización de tareas de forma eficiente.

Lleva una lista de todas las facturas que esperas recibir y asegúrate de que realmente las recibes y las pagas. Para cada una de tus inversiones, haz otra lista de comprobación y un archivo de toda la documentación necesaria. Anota lo que tienes que presentar, guardar o archivar y presta especial atención a los plazos, como cuándo debes pagar el impuesto de actividades económicas o presentar la declaración anual de la renta. No olvides los pagos domiciliados; si no haces nada al respecto, seguirán con la periodicidad que hayas establecido en su día.

RECURRE A SERVICIOS DE SECRETARÍA

Dependiendo del presupuesto de que dispongas, puedes plantearte pagarle a alguien para que te ayude. Es fácil contratar servicios de secretaría por horas y obtener el apoyo administrativo que necesitas.

UTILIZA INTERNET

Existen excelentes herramientas en línea que te ayudarán a organizarte. Echa un vistazo a sitios web y aplicaciones como las siguientes:

- Expensify, Zoho Expense y Evernote, que permiten escanear y gestionar los recibos de gastos.
- GnuCash, Buddi y AceMoney, que son sistemas sencillos que asisten en las tareas de contabilidad.

No pases por alto los correos electrónicos, sobre todo si son la única forma de comunicación, ya sea con tu compañía de servicios, empresa de gestión inmobiliaria o banco. Anota el contenido, imprímelos y archívalos si es necesario.

92

SÉ DISCRETO CON TU RIQUEZA

«Presumir de riqueza es como enseñar la barriga y decir:
"Mira esto, está lleno de comida increíble"».

Muchos de los multimillonarios actuales exhiben lo que se llama riqueza furtiva. Pasan desapercibidos en su vida cotidiana, no sienten la necesidad de conducir el coche más caro ni de poseer la casa más grande del barrio. Básicamente, no dejan que su inmensa riqueza se les suba a la cabeza.

- El fundador de Ikea, Ingvar Kamprad, conducía un Volvo de muchos años de antigüedad y volaba en clase turista.
- El consejero delegado de Apple, Tim Cook, vive en una casa relativamente modesta en su barrio de Palo Alto, rodeado de propiedades multimillonarias.
- Se dice que una de las personas más ricas del mundo, Carlos Slim, vive en la misma modesta casa que compró hace más de treinta años y sigue yendo en coche al trabajo.

Nunca hagas alarde de tu riqueza. La arrogancia no sienta bien a nadie. Sé amable al hablar de lo que posees y evita que los demás se sientan mal, aunque sin llegar a negar lo que has conseguido. Has trabajado duro y te lo has ganado.

 ¿De qué manera has estado presumiendo de tu riqueza y tus finanzas?

✔ Ponlo en práctica

SÉ HUMILDE Y MANTÉN LOS PIES EN LA TIERRA

Nunca hay motivo para avergonzarse de ser rico o de querer disfrutar de la riqueza con el estilo de vida que uno elige. Está bien sentirse orgulloso de tener éxito económico, pero hay que actuar con moderación. Muéstrate de manera discreta y humilde, pues en caso contrario tu entorno podría utilizarte como una hucha. Compartir está muy bien, pero, si solo das, tus relaciones cambiarán y el dinero se convertirá en el principal vínculo de amistad, con una buena dosis de celos en el ambiente.

Si muestras demasiada ostentación, podrías atraer a personas ajenas a tu círculo más cercano. En poco tiempo, conocidos, vecinos e incluso desconocidos querrán pedirte dinero —directamente o a través de tus allegados— o se mostrarán demasiado amables. La petición más común que oirás es un préstamo para una idea de negocio. Hablar de *start-ups* puede ser divertido, pero no lo es si constantemente te consideran una entidad bancaria.

TEN EL VALOR DE DECIR NO

Nunca podrás complacer a todos los que quieren algo de tu riqueza. Piensa a quién te gustaría ayudar. Di no con educación, pero con firmeza, a las peticiones de los demás. Procura que no te afecte para que este proceso sea un poco más fácil.

DILES QUE SÍ A LOS DEMÁS CON CLARIDAD Y FRANQUEZA

A quienes estés dispuesto a ayudar, hazlo sin hacer que la otra parte ruegue, se sienta culpable o avergonzada. Sé muy franco con ellos sobre cuánto puedes dar. Explica claramente tus expectativas y si el dinero es un regalo o un préstamo. Y recuerda, nada de alardes: da a los demás con naturalidad.

9 3

NO CULPES A LOS DEMÁS DE TUS PÉRDIDAS

«Asume toda la responsabilidad de tu vida financiera.
No hacerlo te traerá agitación y amargura constantes».

Nunca culpes a otras personas de tus problemas financieros:

- El agente inmobiliario no tiene la culpa de que no preguntaras por el tramo impositivo o los gastos de gestión inmobiliaria al comprar el piso.
- El corredor de bolsa no tiene la culpa de que el fondo en el que invertiste no haya tenido un crecimiento de dos dígitos.
- La empresa de alquiler no tiene la culpa de no encontrar inquilinos que paguen alquileres superiores a los del mercado por tu propiedad.
- No es culpa de tu jefe que no te hayan ascendido ni te hayan subido el sueldo.
- El nuevo inversor no tiene la culpa de que no hayas incluido más protección en el acuerdo de accionistas, a pesar de que intuías que la necesitabas.

Una vez compré una casa en Malasia sin darme cuenta de que se iba a construir un complejo de apartamentos en la parte trasera de la propiedad. No podía creer que el agente inmobiliario y el abogado nunca lo hubieran mencionado, pero en realidad yo nunca lo había preguntado y el permiso de obras no se presentó hasta que ya hice la compra. Nadie más que yo tenía la culpa. En realidad, nunca había mirado la parte trasera de la propiedad y pensado: «¿Por qué se está desbrozando ese terreno?».

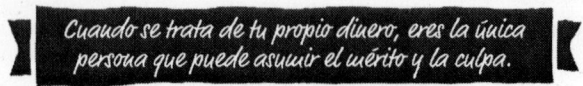

Cuando se trata de tu propio dinero, eres la única persona que puede asumir el mérito y la culpa.

✔ Ponlo en práctica

NO BUSQUES CHIVOS EXPIATORIOS

A menos que te apunten con una pistola en la cabeza, tú eres el único responsable cuando firmas y aceptas cualquier cosa. Desviar la responsabilidad hacia los demás es una estrategia inútil y estresante. Solo sirve para alejar a otras personas y te impide aprender. Cometerás errores. No lo sabes todo. Pero la próxima vez lo harás con más sabiduría y, para entonces, con suerte, nada saldrá mal.

No puedes mejorar si nunca reconoces los errores que cometes. Cuando asumes la responsabilidad y el control, ocurren cosas increíbles. Te haces más fuerte y seguro de ti mismo, más cuidadoso a la hora de tomar decisiones financieras. Estarás listo para comprobarlo todo una y otra vez cuando sea necesario, siempre preparado para matizar o modificar una decisión anterior.

QUE NO TE TIMEN

Por otra parte, si te han engañado, puedes culpar legítimamente a otra persona. Ha habido muchos casos de profesionales que han dado consejos deshonestos o han empujado a sus clientes a comprar productos que no necesitaban. En este caso, actúa con la diligencia debida. Comprueba los consejos que te dan y pide una segunda opinión si es necesario.

PASA UN CONTROL DEL PATRIMONIO UNA VEZ AL AÑO

«Cuando dejas de preocuparte por tu patrimonio, acabas teniendo el equivalente financiero de una caries».

L a mayoría de nosotros vamos al médico o al dentista de vez en cuando para una revisión. Tus finanzas también deberían someterse a cierto control regular. Hay que comprobar periódicamente la salud de los ahorros y las inversiones, desechando cualquier problema y haciendo los ajustes necesarios. Si no revisas tus decisiones, no tienes forma de saber si siguen siendo buenas.

Es increíble cómo tomamos decisiones y hacemos elecciones importantes y luego nos olvidamos de ellas, pero aún más extraño es el número de personas que dejan dinero en planes de ahorro y cuentas para olvidarse de que los tienen. En algunos países, como en el Reino Unido, existe incluso un sitio web dedicado a ayudar a la gente a encontrar cuentas bancarias y de sociedades de construcción perdidas hace mucho tiempo (www.mylostaccount.org.uk).

Si haces un chequeo financiero periódico, podrás revisar no solo el rendimiento de tu dinero, sino también el papel de quienes lo gestionan. En la página siguiente encontrarás una guía sobre cómo hacerlo y en qué debes fijarte.

 *No sirve de nada someterse a la primera revisión del patrimonio después de haber sufrido un importante revés financiero.*

✓ *Ponlo en práctica*

REALIZA UN CHEQUEO FINANCIERO AL AÑO

¿Qué rendimiento ha tenido tu dinero invertido en fondos?

¿Los rendimientos de tus productos siguen índices comparables? En el Reino Unido, la mayoría de los fondos se comparan con el índice FTSE100. Pocos fondos baten al índice cada año, pero no deberías mantener un fondo que nunca supera su índice comparativo.

¿A cuánto ascienden los ingresos por dividendos?

Esto es clave si dependes de ingresos regulares de inversiones en acciones. Lo estás haciendo bien si recibes al menos 5 o 6 céntimos por cada euro invertido en acciones. Pero ¿podrías conseguir más? De cara al año que viene, ¿tratarás de adquirir acciones con dividendos más altos?

¿Cómo ha cambiado tu combinación de inversiones?

Si las acciones se han comportado bien este año, es posible que hayas pasado de una cartera con una proporción de 50:50 entre bonos y acciones a una proporción de 70:30, a favor de las acciones. ¿Debes reequilibrarla? Desde el punto de vista del riesgo, ¿se ajusta tu cartera actual a tus necesidades?

¿Aprovechas los sistemas de ahorro fiscal?

Si inviertes, ¿estás aprovechando al máximo la posibilidad de colocar los ahorros en cuentas individuales de ahorro libres de impuestos? Ten en cuenta también otros planes de ahorro e inversión fiscalmente eficientes que quizá no estés aprovechando.

¿Hay mejores tipos de interés a plazo fijo?

Anota cuándo vence el plazo de cualquier depósito a plazo fijo antes de que se renueve automáticamente y tu dinero quede atrapado un año más. Estudia si hay mejores opciones.

¿Estás optimizando tus inversiones inmobiliarias?

¿Cumplen tus expectativas los rendimientos del alquiler (antes o después de impuestos)? ¿Son comparables a las medias del mercado? ¿Mantienen o aumentan las propiedades su valor de mercado?

TRANSMITE TUS CONSEJOS FINANCIEROS

«He aprendido mucho enseñando a los demás. Cuando comparto lo que he aprendido, me asombra la cantidad de nuevos conocimientos que obtengo».

Una de las mejores formas de aprender es enseñando. ¿Podrías entrenar a otras personas para que alcancen su propia libertad financiera? Quizá pienses que no tienes suficiente experiencia, pero nadie sabe nunca lo suficiente. Los expertos están constantemente aprendiendo y adquiriendo nuevos conocimientos, y al mismo tiempo enseñan y orientan a los demás.

No importa el nombre que se le dé (*coaching*, enseñanza, tutoría, mentoría), compartir lo aprendido es una combinación de escuchar, preguntar y aconsejar. Es el acto de ayudar a alguien a:

- Evitar los errores que has cometido con tu dinero.
- Aprender los atajos que has ido encontrando por el camino.
- Adoptar la mentalidad y la actitud necesarias.
- Compartir tus propias necesidades, expectativas y retos financieros.
- Recuperar la confianza cuando se han sufrido pérdidas financieras.

Transmitir esto a los demás es un proceso en el que todos salen ganando. Las personas a las que ayudes estarán mejor preparadas para gestionar y hacer crecer sus finanzas, y tú saldrás ganando al menos de tres maneras:

- Te sentirás bien haciéndolo.
- Aprenderás y crecerás mientras reflexionas sobre tu propio viaje financiero.
- A medida que compartas tus experiencias, te llegarán nuevos destellos de inspiración.

 ¿Estás listo para empezar a enseñar y ayudar a los demás?

✔ *Ponlo en práctica*

AYUDA A TUS SOCIOS FINANCIEROS

Puede que estés haciendo crecer tu patrimonio con tu cónyuge o pareja, creando un negocio con un excolega, invirtiendo conjuntamente con amigos en propiedades o en algo inusual, como un club de vinos. Todas estas personas son tus socios financieros y es importante que estén tan informados y sean tan conscientes de vuestras finanzas como tú. Enséñales lo que sabes y muéstrate abierto a aprender de ellos, tutelándoos y apoyándoos mutuamente.

ENSEÑA A LOS JÓVENES

La mayoría de los padres nunca enseñan a sus hijos sobre dinero y finanzas. Es una oportunidad perdida. Empieza hoy mismo y ayúdales a abrirse camino en las finanzas para que puedan evitar algunos de los errores que otros cometen en la adolescencia y al principio de la edad adulta.

AYUDA A LA SOCIEDAD

Tengo una amiga que trabaja como voluntaria en una cárcel de mujeres enseñando a las reclusas a ganar dinero. Sus talleres más recientes se centraron en la creación de empresas y la reducción de deudas. ¿Cómo podrías ayudar a la gente de tu entorno?

NO SON LOS CIEN METROS LISOS, ES UN MARATÓN

«Invertir es ver crecer los árboles, ver construir un rascacielos y ver pasar las estaciones».

En un estudio de gran envergadura de 2017 titulado «The Rate of Return on Everything, 1870-2015», un grupo de economistas de Alemania y Estados Unidos analizó las tasas anuales de rentabilidad de la deuda pública, la renta variable y los inmuebles residenciales. Revisaron los datos de dieciséis países, entre ellos Estados Unidos, Alemania, Japón y el Reino Unido, y calcularon que las tasas medias de rentabilidad (ajustadas a la inflación) durante el periodo de 145 años fueron:

Vivienda	7,05 %
Acciones	6,89 %
Bonos	2,5 %
Letras del Tesoro	0,98 %

Si tus familiares hubieran invertido 1000 euros en 1870 en una combinación de vivienda y renta variable, habrías heredado hoy unos 18 millones. Este es un ejemplo extremo de inversión a largo plazo, una estrategia conocida como «comprar y mantener».

El Centro Schwab de Investigación Financiera analizó la rentabilidad del índice S&P 500 a lo largo de 85 años, entre 1926 y 2011. Llegó a la conclusión de que, para asegurarse por completo una rentabilidad media anual positiva, habría que haber mantenido una inversión en el índice durante 20 años (en cualquier momento de este periodo de 85 años).

Estos análisis históricos apuntan a una conclusión: la inversión no es una actividad a corto plazo. Si buscas victorias rápidas, prepárate para una derrota rápida. Enfocarse a largo plazo puede asegurarte el éxito financiero.

Tómate tiempo para acumular riqueza.

✔ Ponlo en práctica

DÉJATE LLEVAR Y SÉ PACIENTE

Intenta dividir en dos partes los activos o fondos que tienes:

- **Gestión activa**: se trata de la parte con la que deseas trabajar activamente, mediante compras y ventas, en función de la evolución de los mercados.
- **«Comprar y mantener»**: es la parte que quieres simplemente dejar crecer. Esta parte de tu cartera debería aumentar como porcentaje de todo tu patrimonio a medida que envejeces.

LA ESTRATEGIA DE «COMPRAR Y MANTENER»

Los estudios históricos respaldan la estrategia del *cost averaging*: la idea de invertir la misma cantidad cada mes o año en los mismos fondos y no recortar nunca las pérdidas cuando el mercado cae.

MANTÉN LOS OJOS ABIERTOS

Existen indicios de que comprar y mantener acciones de empresas de calidad en los tipos del índice S&P ya no es una apuesta segura. En parte, esto refleja la extrema perturbación que afecta a muchas empresas consolidadas de Fortune 500.

Antes estábamos acostumbrados a depositar el dinero en cuentas de ahorro con altos tipos de interés, sentarnos y vivir de los rendimientos. Esto acabó cuando los tipos de interés cayeron a cerca de cero. Así pues, podría ser que comprar y mantener acciones a largo plazo ya no sea una apuesta tan segura como antes. Es algo que debes tener en cuenta a la hora de planificar tus inversiones.

9 7

DUERME
TRANQUILO

*«Si dejas la puerta de casa abierta, no te sorprendas
si alguien entra y se lleva tus cosas».*

No hay nada peor que perder dinero simplemente por no haber protegido lo que se tenía. Imagínate comprar la casa de tus sueños y que se inunde o se queme y descubrir que, además, tienes que pagar de tu bolsillo para reconstruirla porque no habías contratado un seguro de hogar. O perder a tu pareja y descubrir que la cobertura del seguro de vida había caducado unos años antes.

Hay varias formas de proteger los distintos activos e inversiones. Ninguna puede protegerte al cien por cien de todas las eventualidades, como una inversión no reflexionada, invertir dinero en una *start-up* dirigida por alguien que nunca ha tenido éxito empresarial o prestarle dinero a alguien que luego desaparece. Pero es importante pensar en formas de protegerse para evitar enfrentarse a pérdidas mayores.

✓ *Ponlo en práctica*

Estas son algunas de las opciones de «protección» esenciales que debes tener en cuenta.

Protege tu hipoteca

En muchos países, puedes contratar un seguro sobre tu préstamo hipotecario para que, si mueres o quedas incapacitado, la hipoteca se cancele total o parcialmente. En algunos países lo exige el banco que te concede el préstamo. Suele cubrir los pagos de la hipoteca durante un tiempo o hasta un límite que depende de los ingresos mensuales.

Pon tu seguro de vida en un fideicomiso

Contrata un seguro de vida si tienes familiares a tu cargo o algún ser querido que pasaría apuros económicos si fallecieras o sufrieras un accidente grave.

Cobertura

La cobertura financiera es una forma de seguro que consiste en poseer una acción, una materia prima o una divisa concreta. La tienes porque esperas que el precio suba o porque la necesitas para tu negocio. Si te preocupa una caída del precio, puedes comprar lo que se llama una «opción de venta». Este es un ejemplo de derivado que te permite ganar dinero cuando la acción, la divisa u otro producto pierde valor.

Seguro para los trabajadores y las empresas

Existen todo tipo de pólizas de seguro que pueden pagarte en caso de que no puedas trabajar, dirigir tu empresa o si tu negocio atraviesa dificultades.

Depósito en bancos protegidos

En el Reino Unido, hasta 85 000 libras (o 170 000 en el caso de cuentas conjuntas) depositadas en un banco o sociedad de crédito hipotecario están protegidas por el Financial Services Compensation Scheme («Plan de Compensación de Servicios Financieros»). Esto significa que, siempre que tu banco forme parte del plan, se te reembolsarían los saldos, hasta estas cantidades, en caso de cierre de la entidad. En los EE. UU., la Federal Deposit Insurance Corporation («Corporación Federal de Seguros de Depósitos») proporciona un seguro de depósitos similar. Existen regímenes similares en otros países.

Déjate asesorar por expertos sobre cómo protegerte.

98

UN PLAN PARA EL FINAL

«La planificación patrimonial es el regalo más importante que puedes hacerle a tu familia».

Según una encuesta realizada en 2017 en el Reino Unido por unbiased.co.uk, solo el 40 % de las personas tiene testamento, porcentaje que desciende al 16 % entre los jóvenes de 18 a 34 años y al 28 % entre quienes tienen entre 35 y 54 años. La mayoría de los encuestados afirmaron que harían testamento cuando fueran mayores, citando el hecho de tener pocos bienes como razón principal para no hacerlo todavía. Y otro dato sorprendente: en los países cuyos Gobiernos gravan con impuestos el patrimonio que se deja al morir, una gran proporción del mismo acaba usándose para pagar impuestos.

Entonces, ¿por qué planificar meticulosamente cómo vas a generar un patrimonio si no te importa lo que pase con él después de tu muerte? Tienes la oportunidad de decidir quién va a recibirlo y no solo eso, sino que también puedes reducir legalmente la cantidad de impuestos que pagas por él.

Morir sin testamento no es un problema si estás conforme con el reparto del patrimonio según la ley. Un tribunal británico repartiría el patrimonio entre la pareja casada y los hijos; dos tercios al cónyuge y el resto a la descendencia. Pero ¿y si no quieres dividir tu patrimonio de esta manera? ¿Y si quisieras que uno de tus hijos heredara todo el negocio que le has estado ayudando a dirigir o dejar una gran parte de tu patrimonio a una organización benéfica o a otro familiar?

¿Qué te parecería poder ayudar a tu familia a reducir el impuesto de sucesiones tras tu fallecimiento? Si conoces las normas de sucesión, las desgravaciones fiscales y las formas de donar el patrimonio a otras personas en vida, puedes hacerlo.

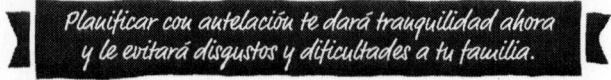

Planificar con antelación te dará tranquilidad ahora y le evitará disgustos y dificultades a tu familia.

✔ *Ponlo en práctica*

REDACTA UN TESTAMENTO

Asegúrate de estar entre el 40 % de quienes han hecho el esfuerzo de redactar un testamento y, aún mejor, de mantenerlo actualizado y modificarlo o redactar uno nuevo cuando sea necesario. No querrás dejar dinero de tus cuentas a alguien que murió hace veinte años. Hacer testamento puede ser barato o incluso gratuito, y hay muchos consejos al respecto en internet.

DEBES ESTAR AL CORRIENTE DE LAS EXENCIONES DISPONIBLES

Aprovecha al máximo todas las desgravaciones disponibles y utiliza las normas a tu favor. Por ejemplo, en varios países existe el tipo impositivo nulo para residencias cuando se deja una vivienda a los descendientes directos, lo que significa que puedes dejarles una mayor parte de tu patrimonio sin que tengan que pagar el impuesto de sucesiones. Habla con un experto fiscal para que te ponga al día de toda la normativa.

REGALO EN VIDA

En muchos países, existen varias formas de donar sin pagar impuestos a otras personas mientras vives:

- Donar una cantidad máxima de dinero por beneficiario y año (pero ten en cuenta que, si falleces antes de que pasen ciertos años después la donación, dependiendo del país. esta puede no estar totalmente exenta del impuesto de sucesiones).
- Hacer donaciones ilimitadas con el excedente de ingresos (ten presente que puedes necesitar la ayuda de un contable para calcular cuál es el excedente de ingresos).

Vivas donde vivas, una cosa es segura: las normas son complicadas y nada intuitivas, así que busca ayuda.

COMPARTE CONSEJOS CON FAMILIARES MAYORES

¿Por qué no compartes los consejos de este capítulo con tus padres y abuelos y los animas a planificar con antelación para no dejar todo su patrimonio sujeto al impuesto de sucesiones?

PREPÁRATE PARA VIVIR MÁS ALLÁ DE LOS CIEN AÑOS

....

«Hablamos de empezar una segunda vida después de los cincuenta.
Creo que en realidad vivimos más de dos de estas vidas».

La ONU calcula que en 2050 habrá 3,7 millones de centenarios, frente al medio millón actual. De hecho, hay un 20% de probabilidades de vivir más de cien años, según un estudio de la Oficina Nacional de Estadística británica, que también prevé que en 2081 habrá más de 650 000 centenarios en el Reino Unido, un gran aumento respecto a los 15 000 actuales.

La persona más anciana del mundo hasta la fecha, Jeanne Calment, murió a los 122 años y, según investigadores de la Universidad de Groninga, vivir más de 100 años podría llegar a ser bastante común. Calculan que en 2070, una de cada 20 000 personas vivirá más de 125 años. Esto significa que es posible que pases más años jubilado que trabajando y estudiando.

Edad de jubilación	Años de vida útil aprox.	Años aproximados de jubilación[1]	Años aproximados de jubilación[2]
50	30	50	70
60	40	40	60
70	50	30	50
([1] Con una esperanza de vida de 100 años. [2] Con una esperanza de vida de 120 años).			

Cada vez hay más jubilados que no se limitan a vivir tranquilamente de su pensión. Viajan y viven en otras partes del mundo, se dedican a nuevas aficiones y actividades, dirigen empresas y crean otras nuevas, trabajan y realizan labores benéficas y de voluntariado.

¿Cómo se planifica esto desde el punto de vista financiero?

✔ *Ponlo en práctica*

LA JUBILACIÓN HA MUERTO, ¡VIVA EL TRABAJO!

¿Qué nos depara el futuro? Parece que muchos de nosotros decidiremos no jubilarnos formalmente, sino continuar en nuestros puestos de trabajo actuales o explorar nuevas oportunidades profesionales y empresariales.

Andrew Scott y Lynda Gratton, académicos de la London Business School, calculan que, si uno vive más de 100 años y ahorra el 10% de su salario cada año, necesitará trabajar hasta tener más de 80 años para poder vivir de una pensión y unos ahorros equivalentes a la mitad de su salario anterior. En muchos países, las pensiones públicas son bastante bajas, lo que aumenta aún más la necesidad de seguir trabajando.

Así que, a menos que hayas acumulado un patrimonio suficiente, seguirás trabajando hasta cumplir los 70 o más. Según el Ministerio de Trabajo y Pensiones del Reino Unido, uno de cada diez mayores de 70 años sigue trabajando para mantenerse física y mentalmente, además de por motivos económicos.

Vivir más allá de los 100 años es un regalo y, con los avances médicos, también se puede estar sano la mayor parte de los últimos años de vida. Así que sigue aumentando tu cartera de inversiones, pero tal vez con un enfoque un poco más conservador que en años anteriores, emprende un negocio o acepta un nuevo trabajo para no consumir los ahorros.

1 0 0

¿VALIÓ LA PENA?

«Mirando hacia atrás, solo hay que arrepentirse de pequeñas cosas.
De esas que puedes arreglar en tan solo unos minutos».

Dentro de unos años, ¿de qué te arrepentirás? La enfermera australiana Bronnie Ware entrevistó a cientos de pacientes moribundos y escuchó las mismas cosas una y otra vez:

- «Ojalá hubiera tenido el valor de vivir una vida fiel a mí misma, no la vida que los demás esperaban de mí».
- «Ojalá no hubiera trabajado tanto».
- «Ojalá hubiera tenido el valor de expresar mis sentimientos».
- «Ojalá hubiera seguido en contacto con mis amigos».
- «Ojalá me hubiera permitido ser más feliz».

Mientras estás ocupado invirtiendo tu tiempo y energía en alcanzar tus objetivos financieros, no olvides mirar a tu alrededor y apreciar lo que ya tienes.

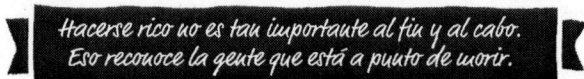

Hacerse rico no es tan importante al fin y al cabo.
Eso reconoce la gente que está a punto de morir.

✔ *Poulo en práctica*

....

NO PIERDAS COSAS QUE EL DINERO NO PUEDE COMPRAR

A partir de hoy, deja de lamentar cosas de tu pasado o de tu presente. Deja de sentirte molesto y de cargar con la mala conciencia. Haz lo que tengas que hacer hoy para que cuando llegue tu momento estés en paz con todas tus elecciones y decisiones. Llevar un diario es una forma estupenda de mantenerte al tanto de tus decisiones y planes, asegurándote de que los remordimientos nunca lleguen a materializarse. Concéntrate especialmente en estos tres aspectos:

1. Tiempo y sueños

¿Estás utilizando bien tu tiempo o necesitas emplearlo de otra manera? ¿Qué actividades no haces y a cuáles les dedicas tiempo, aunque no generen ingresos?

2. Familia y relaciones

¿Con quién quieres pasar más tiempo y quién necesita menos? ¿Necesitas cambiar la forma en que pasas tiempo con tus seres queridos?

3. Disculpas y reconocimiento

¿Hay alguien a quien tengas que pedir perdón? Pedir perdón es una experiencia poderosa y purificadora.

Y, por último, ¿hay alguien a quien tengas que dar las gracias? A veces las personas más cercanas son las que más pasamos por alto.

Nadie puede crear por sí solo una vida increíble llena de riqueza y felicidad.

PARA TERMINAR

«Está en tus manos».

Espero que las ideas, ejercicios y sugerencias de este libro te inspiren a actuar y te doten de las herramientas necesarias para tener éxito en tu viaje financiero.

Construye sobre los 100 consejos aquí reunidos. Descubre, aprende y experimenta por tu cuenta. Sigue tu propia lista de cosas que te funcionen.

Me encantaría seguir en contacto para saber cómo estás logrando ser más rico, tanto financieramente como en la creación de una vida más plena y significativa. Ponte en contacto conmigo en Facebook, LinkedIn, Twitter o Instagram. O envíame un correo electrónico a nigel@silkroadpartnership.com.

REFERENCIAS